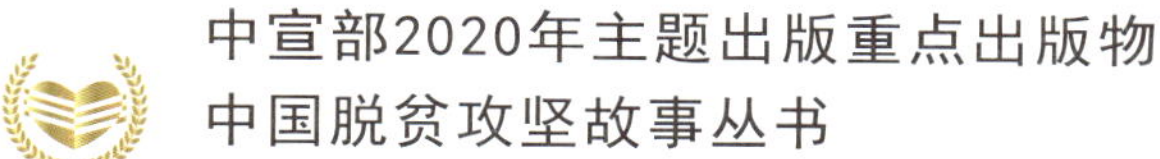

中宣部2020年主题出版重点出版物

中国脱贫攻坚故事丛书

中国脱贫攻坚

南部故事

国务院扶贫办　组织编写

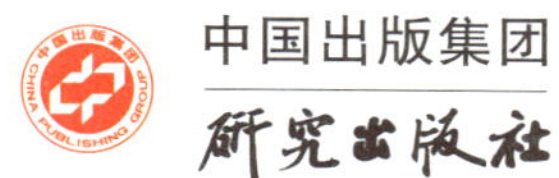

中国出版集团

研究出版社

图书在版编目（CIP）数据

中国脱贫攻坚．南部故事 / 国务院扶贫办
组织编写．-- 北京 ：研究出版社，2021.3
ISBN 978-7-5199-0838-6

Ⅰ．①中… Ⅱ．①国… Ⅲ．①扶贫－成就－中国
Ⅳ．① F126

中国版本图书馆 CIP 数据核字（2021）第 042566 号

中国脱贫攻坚　南部故事
ZHONGGUO TUOPIN GONGJIAN NANBU GUSHI

国务院扶贫办　组织编写

责任编辑：寇颖丹

研究出版社 出版发行
（10011　北京市朝阳区安华里 504 号 A 座）

河北赛文印刷有限公司　新华书店经销

2021 年 6 月第 1 版　2021 年 6 月北京第 1 次印刷
开本：787 毫米 ×1092 毫米　1/16　印张：9.5
字数：126 千字

ISBN 978-7-5199-0838-6　定价：39.00 元

邮购地址 100011　北京市朝阳区安华里 504 号 A 座
电话（010）64217619　64217612（发行中心）

“中国脱贫攻坚故事丛书”编审指导委员会

“中国脱贫攻坚故事丛书”编写工作组

骆艾荣　阎　艳　吕　方　李海金　陈　琦
刘　杰　袁　泉　梁　怡　孙晓岚

南部县美丽风景

八尔湖镇纯山阳村新村风貌

八尔湖鸟瞰图

南部县纯阳山村纯阳花海

目 录
CONTENTS

庄严的承诺：小康路上，一个都不能掉队

“中国梦”也是小康梦！党的十八大第一次把全面建成小康社会放在“中国梦”的大格局中，把全面小康目标升华成民族复兴的重要里程碑。今天的神州大地上，全面小康与中国梦相互激荡汇入生活的幸福图景，在中国梦的交响曲中增添了更优美的旋律，成为中国共产党带领全国各族人民共同奋斗的时代主题。

想要全国人民一个不落地迈入全面小康生活，脱贫攻坚是最艰难的战役、最难攻克的堡垒。“这么大一个国家，责任非常重、工作非常艰巨。我将无我，不负人民。我愿意做到一个‘无我’的状态，为中国的发展奉献自己。”习近平总书记简洁有力的话语，一腔赤诚溢于言表，彰显出人民领袖的真挚情怀。

郑重承诺的背后是党中央与习近平总书记一直以来对脱贫攻坚的殷切关心和科学部署，习近平总书记强调，要以“不破楼兰终不还”的坚定决心和坚强意志，坚持精准扶贫、精准脱贫，切实做到真扶贫、扶真贫。

南部县作为百万人口大县，在脱贫攻坚过程中，全面激发了贫困群众脱

贫致富的信心和同步全面建成小康社会的决心，做到了不落下一户一人，创造出了可复制、可推广的南部经验。

精准扶贫以来，南部县冲锋出击，唯此为大，明确责任书，画出路线图，下足绣花功夫，精准扶贫、精准脱贫，决战决胜全面小康，立足南部县县情，直面脱贫攻坚困难与挑战，取得了显著成效，实现了脱贫摘帽，走出了一条具有南部特色的脱贫之路。

南部县坚持以习近平总书记关于扶贫工作的重要论述为指导，组织专班进村入户，开展农村住房、产业现状、劳务输出、基础设施等多个专题调研，不断探索、调整，制定实施产业、安居、能力、基础、民生“五大专项扶贫攻坚计划”，形成了具有一定特色和推广价值的脱贫攻坚“南部模式”。

目前，南部县已率先完成了脱贫摘帽，为后续脱贫县提供了经验参考。在国内，有 18 个省区 580 多个县到南部县学习交流扶贫经验，南部脱贫经验被国内外各地扶贫机构借鉴和使用上百次。“南部模式”已经显示出了强大的生命力。

山高人为峰，在波澜壮阔的脱贫攻坚战斗中，南部人发扬钉钉子精神，一茬接着一茬干，一锤接着一锤敲，一路心血一路汗水，一路风尘一路放歌，留下一串串闪亮的足迹，谱就一段段动人的乐章。

川北大地、嘉陵江畔，亲水南部、一江五湖，一幅全民小康、政通人和的美好画卷正在呈现。岁月冲洗、时空转换，人民不会忘记，历史也必将铭记。让我们一起感受这段波澜壮阔的历史……

有何特色？薪火传承，向实而生

第一节　红色星火，代代传承

南部县，中国唯一一个以地理方位命名的县。在这个山川形胜、幅员辽阔、历史悠久的丘陵大县，不仅有影响深远的“状元文化”、鲜为人知的“成汉文化”，还有彪炳千秋的“红色文化”。

1933 年 8 月下旬，红四方面军二十五师师长许世友率七十四团和八十一团，与敌军第三游击司令马骥伯部激战于长坪山。红军兵分两路，一路从长坪山前寨正面攻击，一路迂回直插长坪山后寨，前后夹击，一举攻克长坪山。红军在长坪山建立了政治部和前沿战斗指挥所，徐向前和许世友在此指挥红军英勇作战。

长坪山苍苍，嘉陵江泱泱。站在这块被先辈鲜血染红的土地上，似乎可以看到无数红军战士正在飞渡雄关，喊着震天动地的口号，冲向敌营。他们

南部县长坪山战斗遗址

的英魂凝聚成不倒的丰碑。

长坪山一战，鼓舞了南部、阆中一带军民的士气。时隔 80 多年，当年流传下来的红军故事依然留在百姓心中。

过去，这里是一个有名的山寨。整个山寨呈长方形，四周山峦起伏，树木茂密。长坪山所在的中心乡漏米岩村以前是远近闻名的贫困村，道路修通后，偏僻的山村热闹起来，村里种上了桃树、李树等经济作物，自来水、天然气走进每家每户，百姓生活发生了翻天覆地的变化。依靠基础设施建设和产业发展，漏米岩村百姓的生活有了改善。

据《南部文史资料》记载，1933 年 8 月，为解决川陕革命根据地的食盐问题，红四方面军发动了仪（陇）南（部）战役，红军进入南部后，首先攻下长坪山，随后挥师西进，迅速占领南部嘉陵江以东的大片地区。至 1935 年 4 月，红军三进南部盐乡，在南（部）、阆（中）交界的水观场建立了阆南县苏维埃政权，在南部皂角乡锦竹湾建立了德丰县苏维埃政权。

同时，还建立了区苏维埃政权 8 个、乡苏维埃政权 55 个、村苏维埃政权 250 个，将川陕革命根据地扩展到了嘉陵江两岸。

红军在南部活动期间，南部县有 12000 多人加入红军队伍（其中女性 100 余人），3000 多人参加地方游击武装，壮大了红军队伍。2011 年，南

长坪山红军纪念碑

夕阳下的升钟湖

部县正式启动了长坪山革命老区红色文化的保护和开发，维修了长坪场红军指挥机关驻地旧址，修建了长坪山红军纪念碑。

就是在这样艰难的环境下，红军以百折不挠的精神坚持到抗战胜利。一方面与敌人斗智斗勇，一方面还必须克服生活上的困难。

在长坪山寨山顶，至今保留着徐向前、许世友、王树声等人的旧居。当年的指挥部也骄傲地挺立着。

第二节 念兹在兹，众志成城

党的十八大以来，以习近平同志为核心的党中央向全党发出脱贫攻坚进军令，并作出庄严承诺：小康路上一个不能少。号角吹响、战鼓雷鸣，责任如山，南部县冲锋出击，唯此为大，明确责任书，画出路线图，下足绣花功夫，精准扶贫、精准脱贫，决战决胜全面小康，立足南部县县情，直面脱贫攻坚困难与挑战，取得了显著成效，实现了脱贫摘帽，走出了一条具有南部特色的脱贫之路。

脱贫摘帽中，南部县干群一心、众志成城，以最铿锵的步伐、最顽强的毅力、最有力的行动，演绎了许许多多可歌可泣的感人故事，展现出了一股催人奋进的精神力量。南部县广大党员干部争分夺秒的“拼抢精神”、挑战极限的“拼命精神”、不胜不休的“拼搏精神”、万众一心的“拼合精神”，升华为最震撼人心的南部攻坚精神。

南部县领导同志在大堰乡封坎庙村与贫困户召开精准脱贫座谈会

一、争分夺秒的“拼抢精神”

全体干部几乎没有星期天、节假日，县级领导以问题为导向，逐村逐户走访，白天发现问题，晚上开群众会，现场解决问题，夜里12点以后才回到办公室处理文件和业务工作；很多帮扶单位负责人，白天当“村长”，晚上当局长，特别是行业扶贫部门，长期担任“先锋队”“排头兵”，有的同志经常是几天几夜不合眼，凭着顽强的意志力战胜了一个又一个困难。

二、挑战极限的“拼命精神”

不少一线的同志，夫妻双方都是扶贫干部，经常是两三个月难回一次家，连家中十岁左右的小孩儿都学会了洗衣做饭、独立生活。县武装部派出的第一书记，几个月没回家，在村上饱一顿饿一顿，最后胃溃疡出血，经医院抢救，才脱离了生命危险。

第一书记张泽（左）和村干部商量脱贫事宜

三、不胜不休的“拼搏精神”

脱贫攻坚时期，很多单位平时只留一两个人值班，其余干部全部进村入户扶贫；有的帮扶单位之前得了“黄牌”，一把手带队，全员出动，连续两个月蹲点在村上，逐户查找问题、解决问题、补齐短板，把一个缠访闹访的问题村变成了干群一心的“四好”村；在最紧张、最关键的时刻，有些同志就连家中发生重大变故，也仍然坚守在一线。

四、万众一心的“拼合精神”

在脱贫攻坚的硬仗中，南部全县党员干部、人民群众、社会组织及企业众志成城，团结一心，奋力合作。在习近平新时代中国特色社会主义思想的指导下，书写出南部县脱贫攻坚万众一心的生动画卷。

第三节　打出实招，破解难题

只有准确把握习近平总书记关于扶贫工作重要论述所体现的思想方法和工作方法，才能提高攻坚克难、驾驭脱贫攻坚复杂局面的能力，才能掌握履职尽责打赢脱贫攻坚战的本领。“南部模式”的主要特点和意义在于通过强有力的组织机制将精准扶贫、精准脱贫落到了实处，率先集中力量解决了脱贫攻坚中的五个难题。

一、破解“最后一公里”难题

干部是脱贫攻坚中的决定性因素，是解决扶贫政策和资源难以“落地见效”问题、破解基层扶贫“最后一公里”难题的关键。为了把脱贫攻坚抓落实、抓落地，南部县坚持以上率下，任务最重的乡镇，书记、县长亲自挂帅；

2017年6月30日，四川省委政研室与南部县领导同志召开会议，共议南部脱贫

问题最多的村，县级干部亲自包干；难度最大的户，县级干部亲自帮扶。同时，创新推进机制，层层紧逼，让广大“一线战斗员”迸发出更为强大的活力，把各个层级的干部战斗力发挥得淋漓尽致。

南部县从转变干部工作作风入手，常态开展“干群一家亲”活动，注重改进干部工作方式，全面推行“三议”群众工作法，坚决不办群众不支持的事、群众不愿办的事和群众没有能力办的事。在基层组织和实施机制上，南部县设计了“四项机制”，坚持精准扶贫、精准脱贫，提升脱贫成效。

二、破解持续、稳定增收难题

贫困人口自身能力较弱，提高其稳定增收能力是脱贫攻坚的难点。南部县针对贫困人口增收问题，从短期增收和长效增收两个方面，制定了一系列措施，其中重点通过“三个一”能力培训、发展“四小工程”“五方联盟”建产业园等途径，千方百计让贫困群众的“钱袋子”鼓起来、腰杆硬起来，实现了“人有一技之长、户有致富门路、村有当家产业”。其中“五方联盟”建产业园，是探索建立起龙头企业 + 专合组织 + 致富能人 + 贫困群众 + 金

三官镇朱家梁村
村民采摘枇杷

融保险“五方联盟”产业发展机制，通过龙头企业带动、合作社领办、贫困户入股、金融贷款支持、保底保险跟进，建立“脱贫奔康产业园”，贫困户以土地、资金等入股，在保证利润“兜底”的前提下，按股分红、稳定增收。“五方联盟”解决了“村有当家产业”问题。

三、破解因病致贫与返贫难题

南部县在精准扶贫过程中，特别注重找准致贫原因，标本兼治，治防结合。南部县根据全县大病、癌症病人发病率较高，因病致贫特别突出的情况，提出了从强化医疗保障和改善生活条件入手，提升健康扶贫成效、化解因病致贫问题的思路。

一方面，强化医疗救助政策，对贫困人口参加“新农合”实行财政全额兜底，建起了“五道医疗防线”，通过“五道医疗防线”层层保障了贫困人口医疗福利，有效遏制了因病致贫现象。

另一方面，南部县通过大量实地调查、卫生和医疗检测，发现农户浅层水井水质差，对农户健康有着明显影响，从而决定下大力气把城乡一体全域供水作为治本之策，从水源阻断致病因子。

保城乡罗家街村村民也用上了和城里一样洁净、健康的自来水

四、破解脱贫“不满意”难题

精准扶贫是一项系统、复杂的民生工程，难点在于让贫困地区群众满意，特别是让脱贫人口有实实在在的脱贫获得感。

南部县在精准扶贫过程中，特别注重调查贫困人口的真实需求、意见和想法，项目前期多倾听群众的声音，从而得到了广大群众对脱贫的认可。比如，南部县组织了六个调研组，分别对建房户（含危房改造户）、非贫困户、乡镇干部、村干部、帮扶干部和行业扶贫部门六个层面进行走访调研，听取汇报并就集中反映的问题梳理汇总，提出解决问题的办法措施和机制，再征求意见，最终全县上下形成了四大共识，划定“户均补贴不超过 6 万元”“户均自筹不超过 1 万元”两条底线，采取统规自建、统规联建、统规统建三种方式，定制四套户型，明确“超面积 20% 不补助、自筹资金超 100% 不补助、旧房不拆除不补助、工期超规定 6 个月不补助”。在工作中实施了“四书一报告”程序，即建房户必须提交建房申请书、建房承诺书，签订安全责任书，出具乡村告知书，出具工程验收报告，从而实现变“要我建”为“我要建”。

八庙村马尔梁村易地搬迁建设现场

五、破解内生动力激发难题

脱贫内生动力是扶贫最难解决的问题。南部县委把激发群众内生动力作为思想的“杠杆”，让群众自己作主、让群众主动参与、让群众自愿脱贫，撬动起全县群众“要我脱贫奔小康”为“我要脱贫奔小康”的豪情。

南部县在激发群众内生动力方面，倡导“勤劳、奋进、包容、感恩”的社会风气，深入开展“五大专题教育”，开展住上好房子、过上好日子、养成好习惯、形成好风气的“四好星级示范户”评选和“四好村”创建活动，通过公开授牌、专项奖励，调动了群众脱贫的积极性。同时，对“四好村”和“四好星级示范户”，优先支持发展长效产业和到户“四小工程”，群众抢着干、加油干，实现了“滚雪球”式发展。

依托农民夜校，常态开展感恩教育、法纪教育、习惯教育、风气教育和脱贫光荣的自尊教育等“五大专题教育”，注重先进典型示范，树立脱贫标兵，引领群众增强愿脱贫、敢脱贫的动力，坚持把选树典型的过程作为宣传党的扶贫政策的过程。

村民在村文化室翻阅图书

路在何方？筚路蓝缕，敦本务实

第一节 脱贫路艰，初心不改使命不渝

南部县在精准扶贫初期面临不少困难，南部扶贫干部和群众不畏艰险，直面困难，抓住机遇，取得了一系列成效和突破。

南部县是四川省 36 个国贫县之一，是 1986 年进入第一轮国贫县名单的贫困县，也是 2016 年四川省明确脱贫摘帽的两个国家级贫困县之一。2014 年南部县有贫困村 198 个，建档立卡贫困人口 32734 户 103273 人，贫困发生率 9.8%。从地域分布看，南部县的贫困人口主要分布在嘉陵江以东、西河沿线和升钟湖库区“三大片区”。其中，嘉陵江以东 8541 户 29843 人，占总贫困人口的 29%；西河沿线 16956 户 53461 人，占总贫困人口的 51.8%；升钟湖库区 3369 户 10302 人，占总贫困人口的 9.9%；零散分布 3010 户 9667 人，占总贫困人口的 9.3%。从致贫原因分布来看，未脱贫人口中因病致贫的比例较高，南部县剩余贫困人口共 8772 户 26423 人，致

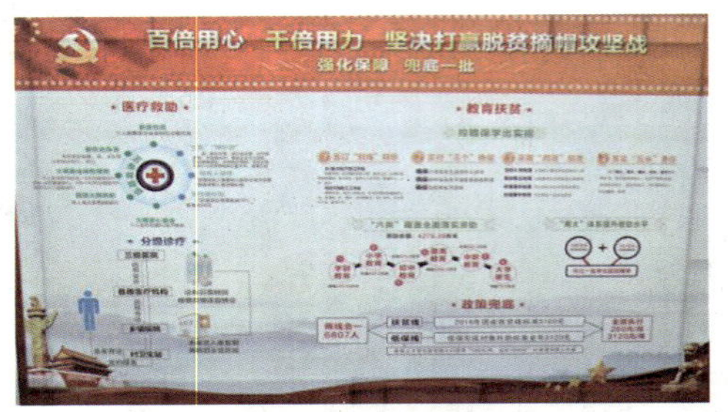

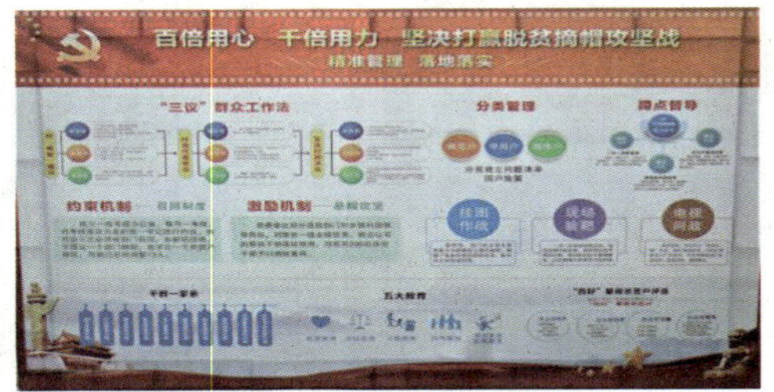

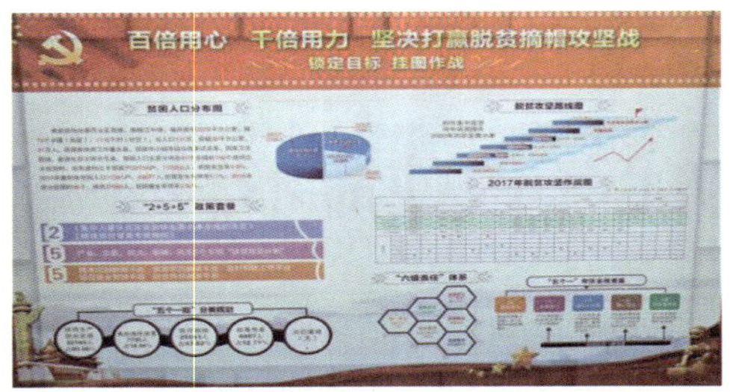

南部县脱贫攻坚作战图

贫原因涉及因病、因残、因学、缺技术、缺劳力、缺资金等11种类型，其中因病致贫占比最大，高达61.67%，其次是缺资金、缺技术，分别占10.68%和10.48%。

南部县脱贫基础较为薄弱，虽然在区域经济发展方面取得了一些进展，但是贫困人口发展能力不足，贫困程度较深。作为脱贫摘帽“第一梯队”，要在精准扶贫经验不足、脱贫时间较为紧凑的情况下实现脱贫达标，面临重重困难。具体而言，南部县脱贫摘帽曾经面临的困难和挑战如下：

贫困“面宽量大程度深”，区域性贫困与结构性贫困突出。

南部县的贫困“面宽量大”，而且随着脱贫攻坚的深入推进，剩存的贫困人口都是贫困程度深的“硬骨头”，脱贫难度更大。南部县地处秦巴山区南麓，以深丘深谷、低山窄谷地貌为主，农业生产环境恶劣，加之信息闭塞，群众观念落后，超过50%的农村地区仍徘徊在“猪粮安天下”的传统农业层面，蚕桑、水果等特色产业因水利等基础设施落后、农户科技水平不高、管理投入不到位，增收效果大打折扣。外出务工仍是当前大多数农民的主要收入来源。在贫困村内，距离公路沿线较近的贫困村发展相对较好，局部集中性贫困得到基本缓解，但余下的贫困人口居住更为偏远，分布更为零散，结构性、个体性贫困交织，尤其是嘉陵江以东革命老区连片贫困地区在交通、水利、安居、人居环境、文化建设等方面明显滞后于全县平均水平，区域性贫困与结构性贫困突出。致贫返贫原因多重叠加，多维致贫与多元返贫并存。南部县扶贫对象的致贫原因中，因病致贫占 30.7%，缺资金致贫占 39.91%，缺技术致贫占 11.97%，缺劳动力致贫占 4.91%，因学致贫占 2.31%，因灾致贫占 0.75%，因残致贫占 6.1%，其他原因致贫占 3.35%。

从前南部县农村村民居住的旧土房，隐藏着严重的住房安全隐患

精准扶贫之前，八尔湖畔荒芜的岸滩，自然环境没有得到集中整治，绿水青山无法变成金山银山

致贫因素相互交织、多维叠加，增加了贫困人口致贫概率。重大疾病、重大灾害、缺少资金、缺少技术等是造成南部县农村贫困的重要原因。由于南部县贫困地区大多处于交通闭塞、深山峡谷的丘陵地带，自然灾害频发，因灾返贫风险大；在贫困乡村，传统农业的种植模式占比较大，农业增收的渠道有限，现代农业的普及程度还有待大幅提高，稳定脱贫的基础仍然薄弱，已脱贫人口在抗风险能力上依然较脆弱，无法实现稳定脱贫，因病、因灾、因学返贫现象较为突出。

贫困人口发展制约因素多，特殊贫困与临界贫困交织。南部县贫困村和大部分贫困人口主要分布在远离国、省道主干线与城镇中心等边缘区域，多山少地、交通不便、水资源匮乏、信息封闭、地质条件恶劣、植被生态脆弱，常年自然灾害频发，基础设施建设明显滞后，贫困人口发展制约因素众多。另外，“插花式”贫困人口的致贫因素多元复杂，特殊贫困问题突出；已脱

没有铺设水泥路，越野车也只能靠“人力”，大大增加百姓出行难问题

贫人口发展不稳定，返贫风险大。相对贫困问题明显，政策综合需求高。“精准发力”尚难到位，资源整合与机制创新乏力。

精准扶贫初期，历经数月的“精准识别”扶贫对象工作，南部县对全县的扶贫对象进行了全方位的精准识别，确保系统数据和县域数据库的一致。但扶持政策措施的精准性、有效性需要进一步增强。主要表现在：个别乡镇的扶持政策的分类施策力度还不够大，在扶贫工程、产业发展等方面，规划不精准、实施不精细，存在眉毛胡子一把抓、盲目跟进的现象；扶贫资金和社会力量的整合力度还不够充分，统筹兼顾做得还不够好；个别贫困村和贫困户“等靠要”思想不同程度存在，扶贫先扶志任重道远。

这些问题的存在，对南部县大力实施精准扶贫、精准脱贫带来新的考验。

第二节 聚力奔小康，交出“满意答卷”

脱贫攻坚以来，南部县认真贯彻落实中央、省委和市委脱贫攻坚系列决策部署，把“摘帽奔小康”作为最大的政治任务和第一民生工程，形成了全员出征、全域作战、全力攻坚的大扶贫格局。南部县在基础设施、产业经济、社会事业、生态环境、党建工作等方面都取得了优异成绩。

一、行者有其路

南部县针对基础设施，尤其是乡镇道路硬化存在的问题，开展了大规模基础设施建设。脱贫攻坚以来，全县公路通车总里程达 5500 余公里，国道 212 线，省道 101 线、204 线等高等级道路和县域内的通乡公路以及众多新改建的通村公路形成了立体交通网络。全县乡镇通车率达到 100%。南渠线共 178.05 公里穿越其境，县道 207.14 公里和乡道 600 公里密布全县，村

纯阳山村的亲子步道为村民和游客提供了休闲生活新“途径”

纯阳山村干净整洁的乡间步道

道 2300 余公里延伸到千家万户，17 条出境公路与相邻县、市、区相通。县内有高铁站一座，并在 2016 年正式开通。

南部县境内高速公路航拍图

横穿八尔湖的八尔湖镇青龙嘴大桥

二、饮者有其源

南部县通过建立“项目资金 + 财政补助 + 社会融资 + 群众自筹”多元投入机制，整合资金 20 亿元，依托嘉陵江、西河和升钟水库“三大饮水源”，建成 6 个大型制水厂，铺设 9 条供水主干线，形成了“三源六厂九线 +N”的城乡一体全域供水体系。让所有农村居民都喝上了与城市居民同样品质的自来水，大大降低了因不安全饮水而造成的疾病发生率。

作为“三源六厂九线 +N”的三源之一的升钟水库

作为“三源六厂九线 +N”的三源之一的西河

三、居者有其屋

南部县易地扶贫搬迁主要采取统规自建、统规联建、统规统建的方式进行。在建房标准上，坚持“两条底线”“四套户型”“四不补助”原则；在建房程序上，实行“四书一报告”制度；在房屋验收上，做到“五看”。

同时，按照“五改三建”的标准同步推进危旧房改造，做到生活设施与生产功能配套，安居措施和致富产业同步。

宜居的农户新房

交通便利、规划有序的农户新房聚居点

封坎庙村贫困户在新年前搬入新房，和家人一起吃团圆饭

四、劳者有其“田”

南部县坚持把提升贫困劳动力就业能力、促进转移就业作为最直接、最现实的增收途径，全力实施“三个一工程”。

一是实施助学解困工程，支持有条件的每户培养 1 名以上大中专学生；二是实施技术培训工程，每户培养 1 个技术明白人；三是实施就业培训工程，对具备条件的每户培养 1 名劳务致富能人。

南部县贫困户通过就业扶贫提供的就业渠道找到工作

2018 年洞头区—南部县白家贫困人口技能培训（厨师班）开班仪式

来自温州市洞头区的培训老师正在对南部县贫困村民进行厨艺培训

位于南部县的四川南环集团正在吸收越来越多有技能的贫困户进入工厂，增收致富

通过教育手段，全县累计转移贫困劳动力就业33782人，脱贫户的工资性收入占到了家庭总收入的63%。

五、病者有其医

南部县构筑“五道医疗防线”，让人人都有就医保障。一是基本医保防线，二是大病医保防线，三是补充医保防线，四是民政救助防线，五是爱心基金防线。全县103273名贫困人口100%参加城乡居民医保，人人享受“九免一补助”政策。

截至2016年，全县贫困人口医疗总费用5476万元（县内4643万元），县财政补贴5123万元（县内4574万元），总体补贴率93.5%（县内98.5%）。

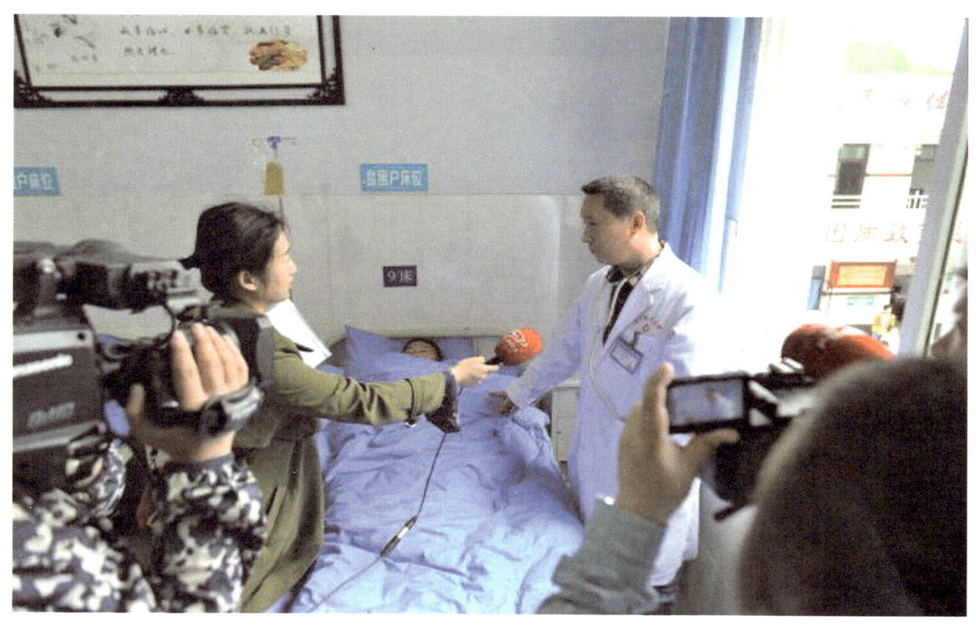

四川电视台记者正在对治疗贫困病人的医生进行采访报道

东坝镇打鼓山村卫生室，村民实现不出村享受医疗服务

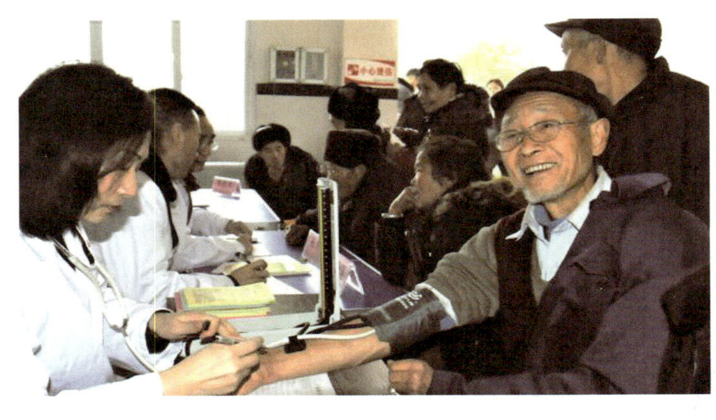

健康扶贫义诊会现场，一位老人正在免费测量血压

六、致富有其法

南部县坚持把产业就业扶贫作为根本出路，着力在产业链上做加法，做活了稳定增收大文章，构建“龙头企业 + 专合组织 + 致富能人 + 贫困群众 + 金融保险”的“五方联盟”产业发展机制，通过带着授信入伙、带着股金抱团、带着土地进园三种模式，创建“脱贫奔康产业园”，让贫困户深度参与产业发展。通过大力发展主导产业，建成脆香甜柚、晚熟柑橘、肉鸡、水产、食用菌等产业园 358 个，占地 50 余万亩。建成大堰—东坝—梅家—铁佛塘“脱贫奔康产业示范线”10 万亩，惠及 5 万余人。

食用菌合作社社员正在拣选双孢菇

位于铁佛塘镇的晚熟柑橘产业带

南部县薰衣草产业园

八尔湖景区在国庆节迎来众多游客

南部县特色农产品之一——放养黑猪

依托八尔湖、升钟湖自然风光，举办中国升钟湖钓鱼大赛，大力发展周边游、乡村游等旅游产业，并不断升级服务品质，提高游客满意度。

南部县立足农村留守贫困劳动力多为老弱妇孺的现状，依托“脱贫奔康产业园”，统筹房前屋后资源，为每户安排产业扶持资金 6000 元，分户落实短期有收益、长期可致富的小庭院、小养殖、小买卖、小作坊“四小工程”，作为长效产业的有益补充，实现贫困户当年至少有 1 个增收项目。

通过“四小工程”，脱贫户人均收入超过了 4500 元。

七、山水有其色

南部县深入贯彻习近平总书记“绿水青山就是金山银山”的重要论述，提出建设亲水南部，在脱贫致富的同时注重生态保护，形成了产业兴旺、人居舒适、生态和谐的良好局面。县内八尔湖、升钟水库水清鱼肥，山上处处瓜果飘香。

扫描二维码，
了解更多南部县旅游信息

南部县深入贯彻生态发展理念，建造成人与自然和谐共生的典范——纯阳花海景区

东坝镇柑橘产业带上的“绿水青山就是金山银山”

八尔湖镇利用河湖资源养殖淡水经济鱼类，如今，绿水青山也能变成金山银山

有何实招？足履实地，斩断贫根

第一节　底线实，三大保障治理多维贫困

一、住房有保障

易地扶贫搬迁是精准扶贫精准脱贫的重要内容，是指将生活在环境恶劣地区的贫困人口搬迁安置到其他地区，并通过改善安置区的生产生活条件、调整优化产业结构，加快脱贫致富步伐，提高扶贫投入效益。易地扶贫搬迁有利于迁出区生态环境恢复与治理，促进贫困地区可持续发展和群众脱贫，从根本上改善贫困群众的生存环境和发展条件，提高搬迁群众的收入水平和生活质量。

从 2016 年精准脱贫开展之后，南部县八尔湖镇纯阳山村脱贫户王兴猛就过上了城里人一样的新生活。如今在八尔湖镇，像王兴猛这样完成脱贫摘

南部县泸溪村建设完成的美丽新居

帽的村民达到 741 户 2617 人。

王兴猛到过很多地方打工，奋斗了半辈子，家里依然一穷二白，前几年家里老人相继病重去世，老婆身体不好，加上打工生活不稳定，加重了生活压力。在 2008 年汶川特大地震后，他家的房屋裂隙累累，被评定为 D 级危房。

热火朝天的侯坪村
安居工程施工现场

环境优美的农村新居

扶贫组当时建议他易地搬迁，把房子修进新村聚居点，他当时非常犹豫，心里完全没有底。一是家里实在没有多余的钱，二是不知道村里的新村聚居点究竟啥模样。但严峻的现实让他不得不作出选择，因为家里的房子确实不能住人了。王兴猛也没有想到，一年时间修成的新居，现代时尚，堪比别墅，且更具风味。青砖碧瓦、荷塘亭台，自来水、天

贫困户代芝良正在新家门楣上贴对联，过春节

纯阳山村村民在新家庭院小聚

然气入户，房屋四周是统一打造的景观园林。这一切就像一场梦，但又真实存在着。

新的居住环境，改变了王兴猛的生活习惯：他不再像过去那样回家随便一扔汗衫，往门槛一坐，抽半截烟；如今，他进屋换鞋，早晚冲凉，在家待的时间长了还要换睡衣。这种舒适的生活，一个农村人过去想都不敢想。易地搬迁给他们的生活带来了巨大的改变。

同样是在南部县，大堰乡封坎庙村易地扶贫搬迁户戴光富 2017 年搬进新房，新添置的桌子、椅子等家具一尘不染，燃气灶、冰箱等现代化厨房用具也一应俱全。扶贫搬迁户们都没想到他们能够这么快就告别危旧房，还能像城里人一样用上天然气。在实施易地扶贫搬迁过程中，戴光富家没花一分钱就住上了新房，水、电、路等完善的配套设施，让他感觉现在的生活比城里人还好。在解决了住房问题后，他下一步的目标就是在村里的帮助下发展种养殖业，让自己的腰包鼓起来，日子过得红火起来。

二、饮水有保障

习近平总书记指出："我们既要绿水青山，也要金山银山。"这生动形象地表达了党和政府大力推进生态文明建设的鲜明态度和坚定决心。南部县水利立足民生、安全、生态三大战略，从水资源保护与利用、水利基础设施建设与维护、水生态建设与保护的角度出发，积极开展水利建设，完成投资 17.5 亿元，在水源工程、安全饮水、农田水利、水土保持、水污染治理、水资源保护等方面取得了一定成效。南部县相继被确定为"中央财政小型农田水利项目建设重点县""西南六省农田水利重点县""全省水利建设管理与改革重点县""全省第一批节水型社会建设重点县""全省第一批农业水价综合改革示范县"，两次被评为"全国农田水利建设先进单位"。生活水、生产水、生态水、观光水"四水共建"，有利于保障广大群众的基本饮水安全、提高贫困群众的产业生产效率、增强人民群众的卫生环保意识、促进广大群众的旅游事业，从而造福当地贫困群众。

纯阳山村属南部县八尔湖淹没区，因建水库而土地减少，人均耕地不足 0.8 亩，全村 301 户 997 人（其中建档立卡贫困户 90 户 345 人），贫困发生率 34.5%。在脱贫过程中，该村依托八尔湖优质水资源和特色"八仙文化"，坚持护水先行、以水美村、水旅融合，变湖区为景区，变田园为公园，变家园为花园，多渠道打开"绿水青山"向"金山银山"转化通道，推动农业转型、农民增收、农村振兴。2017 年，全村共接待游客 20 余万人（次），农民人均收入达 2 万元以上。

碾盘垭村正在安装供水管网

这么一个耕地资源稀缺的地方，怎么把水资源管好、用好，并让大家靠水富起来，纯阳山村做足了“水文章”的功夫。

坚持“湖长”统揽，“水、陆、空”协同，推进八尔湖库区生态环境综合治理，初步实现“河畅水清、岸绿景美、天蓝气清”。以青山绿水打底，打造清洁果园、清洁花园、清洁菜园和清洁养殖园，建设水美新村、宜居家园。以美化景区和优化服务为旅游发展提档升级的主抓手，打造青山绿水醉人园景。

“水、陆、空”协同管水治水，精准灌溉系统，又把用水做到极致。纯阳山村的“水文章”让人耳目一新。南部县立足“农建服务乡村振兴、推动高质量发展”新要求，以提高水利公共产品、公共服务供给为取向，以建设“亲水南部”为主线，以生活水、生产水、生态水、观光水“四水共建”为抓手，走出了一条四水共建、一体推进的农田水利基本建设路子，助推乡村振兴战略实施。

五灵乡丁字桥村海拔700多米，是典型的旱山村。以前村里缺水，遇到天旱，村民常常因争水打架，村民吃水要到山脚下的小河沟去背，有时学校也因没水吃而放假，至于农业生产，更是有心无力。如今不一样了，该村实施了集中供水工程，经过5个月的奋战，自来水全部安装到户，彻底解决了群众“吃水难”的问题。自来水通到家家户户，卫生又方便，有了自来水，产业发展的后劲也足了。贫困群众李大何在自家的1亩多地里栽种了柑橘树，同时发展林下种植，现在田间地头，水稻、玉米等农作物长势良好，房前屋后，核桃树、柑橘树等果树成排成行。

盘龙镇中窑坝村是南部县的建档立卡贫困村之一，耕地面积有1156亩。过去，由于水利基础设施建设不足，加上疏于管理，供水能力严重退化，群众大多靠天吃饭，农业发展严重滞后。2016年初，在南部县水务局的帮助下，中窑坝村采取上游灌区内渠系维修加固、非灌区内修建提灌站的办法，争取项目资金70余万元，在非灌区内建起了提灌站，修缮了

全域供水项目中侯坪村山坪塘正在建设的蓄水池

山坪塘20口，解决了群众的生产用水难题。得益于农田水利灌溉渠系工程的实施，中窑坝村的蔬菜产业和经果林产业发展迅速，为群众脱贫奔小康奠定了基础。

由于复杂的地形和落后的交通条件，南部县四龙乡龛院寺村曾经十分闭塞贫困，全村386户，人均只有0.5亩地，2008年纯收入在1196元以下的贫困户就有184户。因为不愿再受穷，年轻人都外出打工，村里只剩下老弱妇孺。2009年6月，国家六部委派员组成联合调研组来到龛院寺村，将该村确定为扶贫开发暨新农村建设试点村。南部县农田水利基本建设项目随之开展，水利设施的建设彻底打破当地居民“靠天吃饭”的历史，改变村貌的同时，还使该村发展起莲藕产业、旅游产业。

龛院寺村是黑龙观省级新农村建设示范片的示范村之一。如今，南部县已将黑龙观“万亩农建示范片”打造为“乡村旅游和自驾游目的地”，2018年已吸引成渝两地游客和摄影爱好者30余万人次。

南部县千秋乡杨柳村由于没有畅通的渠系，粮食产量一直难有提升。自从修通了水渠，每亩田至少增产50公斤，村里闲置的土地被“激活”了，成了外地业主眼中的“香饽饽”。杨柳村粮食产量增加了，环境也变好了，这些都要归功于农田水利基本建设。

定水镇庙子山村属于升钟水库灌区，虽然背靠水源充沛的升钟水库，但由于村里的水利设施年久失修，待水源经过渠系流入责任田时就只剩下涓涓细流了。农田水利基本建设项目在该村的实施，让该村真正体会到身在升钟水库灌区的好处，粮食产量随之增长。

实施农田水利基本建设以来，南部县农业生产能力大幅增强，2016年，南部县粮油产量达到6.5万吨，被国务院表彰为“全国粮食生产先进县”。

正在铺设的自来水全域一体化供水管道

三、看病有保障

长坪镇印山村村民周炳善 2016 年因患脑瘤卧床不起，一家人既要照顾他的日常起居，又要面对高昂的手术费用。最初都有放弃治疗的打算，最后还是健康扶贫帮了他。

村里在了解情况后，立即进行了上报并落实相关医疗救助政策。周炳善的 2.9 万余元手术费用，已经通过医保报销 1.3 万元、民政救助 1800 余元，其余费用也一并处理，他家基本不用花钱。医疗救助减轻了他家的经济负担，让他家里的情况一天比一天好。

2016 年以来，南部县坚持筑牢基本医疗保险、大病商业保险、民政大病救助、爱心救助基金“四道防线”，帮助贫困群众就医能够少花钱、尽量不花钱。2016 年，南部县共救助贫困患者 527 人，发放医疗救助金 116.59 万元。依靠县红十字会，募集医疗爱心扶贫基金 300.94 万元。对经基本医疗保险、大病商业保险报销和民政大病救助后，个人负担费用超过 1000 元的，由爱心基金按剩余部分的 30% 再次给予救助。截至 2018 年，已有 560 名贫困群众享受到 500 元至 5000 元不等的爱心基金救助。

四川省健康扶贫“五大行动”新闻通气会现场

碑院镇林坝村的村民原来看病要到镇上或者县里，因为村里没有设置专门的卫生室，设备比较简陋，药品也不多，群众看病不愿来。后来新修的村级卫生室面积有 50 余平方米，不仅配置了听诊器、诊查床、血压计、输液架等医疗设备，药品也全部由县乡统一配备，种类达到 100 余种。现在环境搞好了，设备齐全了，看病的村民多了，村医就能在卫生室长期坐诊，让村民随时能就近看病，“小病不出村，看病能就近”成了现实，持续强化基层医疗服务能力，让群众少跑冤枉路、少花冤枉钱。

2016 年，南部县大力实施医疗硬件建设工程，将村级卫生室纳入基层医疗卫生机构信息化建设和管理范围，投入资金 453 万元，完成 66 个已脱贫村的卫生室标准化建设；安排资金 700 万元，全面启动 2017 年、2018 年 132 个贫困村卫生室标准化建设；投入 1.5 亿元，改（扩）建乡镇卫生院 63 个，配备急需医疗设备 1500 余台（件）；加大投入、积极协调，完成县人民医院“三乙”创建和整体迁建，基本实现农村群众“小病不出村、一般病不出乡镇、大病不出县”的目标。

健康扶贫基层行——医疗部门开展健康扶贫义诊活动

永定镇同心村贫困户郑光富患有哮喘、前列腺肥大等疾病，以前都是自己到卫生院检查、拿药。现在却是医生走进家门，询问了解病情，检查一项不落，还要叮嘱用药常识，为他定期体检，听诊、量血压、问病情……逐项记录他最近的身体状况。通过医生常态走访，让贫困患者看病不贵、治病有方。

南部县按照全面排查、精确到病的要求，着力构建“定期巡查”服务机制，以县级医疗机构为龙头、以中心卫生院为技术骨干、以乡镇卫生院为主体，组建医疗扶贫服务队，深入 198 个贫困村，免费为贫困群

南部县开展医疗救助爱心基金捐赠活动

企业向南部县捐助医疗设备助力医疗精准扶贫

众进行健康体检、集中诊治和后续回访。针对 27305 名慢性病、大病患者，残疾人，按照病种属性、病情轻重、救治缓急的原则建立专门档案，实行分类救治和管理，严格控制医保目录外的药品、诊治项目和医疗服务项目，最大限度减轻贫困患者的医疗费用负担，构建起长效便民惠民的机制，打通服务百姓的“最后一公里”，解决因病致贫、返贫等突出问题。

南部县碑院镇林坝村的陈太树年过五旬，因为肝部疾病，2015 年在南部县人民医院住院治疗 10 余天，花去医疗费 13000 多元，他自己未掏一分钱。

出院后，陈太树一直在村里的卫生室抓中药。几年前，林坝村卫生室是土墙房，检查设备只有体温计、血压计和听诊器，中药和西药不到

村民足不出村就能享受基本医疗服务

100种。实施健康扶贫后，不仅新建了54平方米的村卫生室，诊疗室、治疗室、药房、资料室“四室分开”，检查设备增加到40余种，药品也增加到200余种。像感冒发烧、高血压、高血糖等常见病，以及针灸、拔罐、牵引、艾灸、刮痧等都能在村卫生室里开展，村民小病治疗不出村，出家门几分钟就能看病抓药，国家的健康扶贫政策让老百姓得到了实惠。

2015年3月，碑院镇林坝村陈良碧的丈夫因患胃癌去世，2016年，她又因为脑出血住进了南部县人民医院。出院回家后，村里帮陈良碧改建了房子，她搞起了小养殖，儿子就近务工，2016年全家人均收入超过4000元。医疗费用全报了，负担减轻了，看病还不要钱，这在过去是想都不敢想的，人民生活得以改善。

扫描二维码，了解更多南部县卫生事业

第二节　增收实，产业提升“造血”能力

按照“村有当家产业、户有致富门路、人有一技之长”的要求，南部县持续推进长效产业发展，不断做细做实群众增收的加法。在抓好稳定增收“大产业”的同时，更加注重发展当期见效的“四小工程”。推动电商建设、旅游开发，持续用力稳定产业、稳定就业、稳定增收。

产业扶贫的难点是项目可持续性，即避免“运动式”产业发展方式，“运动式”产业扶贫往往以行政命令为动力，忽视了扶贫对象的意愿和主动性。南部县产业扶贫特点是以贫困群众为主体，在不断发展中，根据群众意愿，解决问题，不断完善方式、方法，而政府主要是为贫困村、贫困群众“搭

南部县产业发展“五方联盟”示意图

台”。南部县以创建“脱贫奔康产业园”为载体，充分释放党和政府赋予贫困群众的政策红利，尊重市场规律，想方设法在农业产业利益链上做“穷人的加法”，想方设法形成不靠行政命令、不靠慈善行为驱动的长效机制，按照政府主导、群众主体、龙头带动、金融支持、合作社组织的思路，构建“龙头企业 + 专合组织 + 致富能人 + 贫困群众 + 金融保险”的“五方联盟”合作共赢发展模式。南部县 198 个贫困村都设立了 30 万元的产业扶持周转金，金融机构为每一户贫困户授信 2 万—5 万元，让贫困群众摆脱了发展产业“缺资金”的困境。

定水镇位于南部县城近郊，距县城 9 千米，东接南隆镇，南靠肖家乡、寒坡乡、太华乡，西临大王镇、兴盛乡，北接阆中市、老鸦镇。广南高速公路南部段出入口与国道 212 线在定水场交汇而过，全镇辖 26 个村 2 个居委会 228 个社 10 个居民小组。西河、宝马河、哑巴河、鹿角溪河环抱全境，

南部县组织贫困户到马鞍镇食用菌合作社考察学习，发展本地产业

水路交通便利，区位优势十分明显。辖区面积 54.88 平方公里，其中耕地面积 19508.5 亩，水田面积 6145 亩，旱地面积 13363.5 亩，总人口 49797 万人，耕地 18435 亩。镇政府驻地在定水镇上河街，方言主要为四川话（西南官话），为亚热带季风性气候。

从 2014 年开始，定水镇认真开展党的群众路线实践教育活动，切实转变工作作风，狠抓产业发展和重点项目工作，实现了全镇经济大跨越，各项工作名列全县前茅。定水镇龙凤村在扶贫脱贫中取得了较好的成绩，以产业扶贫为主，通过扶智 + 扶志、党建扶贫、定点帮扶、医院健康扶贫等多元化途径扶贫，打造龙凤村脱贫致富新面貌，助力全面小康。

2016 年 2 月底，四川省委组织部下派在四川职业技术学院担任副教授的理学博士江华明到南部县定水镇龙凤村担任第一书记。江华明逐户走访，了解贫困原因，细化脱贫措施，做到真正精准扶贫；龙凤村成立专业合作社，

贫困户自愿申请户办产业、村“两委”审核贫困户办产业申请

培育主导产业，拓宽群众致富路子；因地制宜，发展特色种养业，让贫困户实实在在增收。来到龙凤村后，江华明扎根基层，念好扶贫经、打出扶贫组合拳，让当地村民们看到了脱贫致富的希望。

要拔掉穷根，就必须培育主导产业。江华明心中一直认为，龙凤村山清水秀，毗邻南部县城，有着得天独厚的优势。利用地理优势搞采摘农业、生态观光农业最为合适。接下来，村里还将引进蓝莓种植和白色乌鱼养殖业，在龙凤村建立起一个休闲观光农业产业园。

为了给村里找准一个可持续发展的产业，培育发展内在动力，促进村民持续增收致富，龙凤村村组干部结合当地土壤和气候条件，从四川农业大学引进了农凤鸡品种，从南充市农科院引进了小米和薯的新品种。截至2018年，全村养殖农凤鸡3000余只。紫薯和小米进行一年三季的旱地轮作，亩产值近5000元。该村通过种养结合，建立起标准的农凤鸡饲养场和川东北

昆明市四川南部商会“万亩白芨回家乡”八尔湖种植基地

小米基地、紫薯基地，建成了帮助村民持续增收的长效产业。

龙凤村还成立了农凤创新农民专业合作社，吸纳贫困户加入，并引进了职业经理人，帮助村民发展。通过合作社，搭建起技术、销售的完整平台，让村民能够长期稳定发展，持续可靠增收。合作社将通过土地流转的方式，引导村民以土地入股获得分红，同时按照“合作社＋农户”的模式，将农户的产品进行统一回购，并依据市场平均价实行保底分红。

村子要脱贫致富，首先要将“扶智”与“扶志”结合，切实解决村民发展没信心、少技术的重要难题。在村子里，江华明积极与四川职业技术学院协调，组织开展对该村贫困户的集中走访慰问活动，为贫困群众和留守儿童送上了生活和学习用品及慰问金；联系了 4 名大学生志愿者，到村里开展“关爱留守儿童”暑期社会实践活动；争取到 2 万元资金，为村里建起了多媒体培训室等。在培训室里除了开展农业种养技术培训，还进行

位于八尔湖镇的脱贫奔康（珍稀林木）产业园

自信自立、孝道文明等主题教育。自开班以来，培训室已通过远程电教的方式开展家禽养殖集中培训近 10 次，现场开展种植技能培训 10 余次，培训群众达 200 余人。龙凤村刚引进农凤鸡、小米、紫薯等项目时，村民认为新品种没有种养殖成功的经验、种养殖风险高，因此并不买账。但扶贫干部们面对村民的质疑并没有退缩，而是三天两头就往在村的党员家中跑，和他们谈政策、谈前景、谈脱贫致富路子，最终村里的党员带头把项目落实了下来。

胡元臣自己脱贫后，还主动向周围群众宣传政策，传授种养殖技术，成立了“长坪镇元宝山养殖家庭农场”，带动了其他贫困户脱贫，深得当地群众喜爱，2016 年还被推选为 4 社社长。长坪镇印山村土地贫瘠，条件艰苦，长期以来村民收入均以传统农业为主，老百姓过着靠天吃饭的日子。胡元臣自幼家庭贫穷，早早就背井离乡讨生活，由于自身无一技之长，在外只能靠打短工为生，生活过得十分窘迫，妻子忍受不了贫困，2013

脱贫奔康（肉鸡养殖）产业园

年与他离婚，剩下他和两个孩子相依为命。此时的胡元臣家中一贫如洗，为了孩子念书，他只能选择回到老家，全家就蜗居在不到 50 平方米、年久失修的土坯房中。他偶尔在本地打打零工，无活可做的时候就务点农活，收入十分微薄，连儿子的学费都拿不出来。大儿子初中毕业后也待在家中，无所事事。面对爱人的离开、生活的困苦，他仿佛失去了人生的方向，没有了发展的动力。2014 年印山村被识别为贫困村，县公积金办定点帮扶该村，宋大川主任主动攀上了这门穷亲。宋主任了解到胡元臣家具体情况后，经常到家与他深入沟通，不断鼓励他树立勤劳致富的信心，并给他制定了切实可行的帮扶措施。对于这种愿吃苦耐劳的贫困户就是要因户施策，精准帮扶，根据他缺技术、缺资金的致贫原因要在资金上支持、加大技能培训和实施危房改造。看到胡元臣的大儿子成天待在家中，无事可做，宋主任联系到温州一家企业，介绍其到厂学习技术和就业，工资达 4000 元 / 月。针对胡元臣想发展产业又无资金的情况，宋主任主动联系到信用社为他争取了小额信贷资金 2 万元，又协调产业扶持基金借款 1 万元，自己又帮胡元臣凑了 2 万元。胡元臣承包了荒山 110 亩，种植了丑柑、核桃、无花果、牡丹，并建起了孵化场，2017 年顺利实现了脱贫。在脱贫攻坚的路上，他不等不靠，勤劳致富，还能够感恩奋进，支持村“两委”的工作。如今的他不仅是为小家在忙，更是为大家在忙，他经常现身说法帮助村“两委”宣传党的扶贫政策，入户宣传产业扶贫给村民带来的实惠等，激发村民的致富热情，引导困难群众积极靠自己的勤劳双手脱贫致富，成为村“两委”扶贫工作的好帮手。一分耕耘，就有一分收获，胡元臣的勤劳朴实村民都看在眼里。在他刚落成的新建房里，胡元臣说出了一段虽平实但鼓舞人心的话：“我能够脱贫，都是党的政策好、党的干部好。虽然我书读得不多，但是我知道脱贫不能‘等靠要’，人只要精神不倒，再难的日子都能熬出头，日子一定会越来越好的！我脱贫致富了，作为社长，我理应去帮助其他老百姓！”

这就是一个普通农民的肺腑誓言，充满了对美好生活的自信。这个朴实的农村汉子坚信，天道酬勤，只要靠着自己的双手积极向上，敢闯敢干，就一定能够成功。

四川天府银行支农扶贫项目——食用菌产业园

村委会墙上宣传四小工程的标语

南部县立足留守贫困劳动力多为老弱妇孺的现状，坚持量力而行、量体裁衣，不刻意搞“大作品”，注重发展“小工程”。

县财政为贫困户每户安排产业扶持资金 3000 元，分户规划落实小庭院、小养殖、小作坊、小买卖“四小工程”，作为长效产业多种经营模式的有益补充，促进贫困户快捷增收。

贫困户通过小养殖，根据本户实际饲养山羊

贫困户利用小庭院种植的“脆香甜”喜获丰收

政府引进龙头企业，把“带着贫困户一起干”作为土地流转和项目支持的前置条件，让“四小工程”搭上“脱贫奔康产业园”的“便车”，变千家万户的“小”为一村一品的“大”，实现了大产业与小工程“种苗同源、技术同标、生产同步、营销同路”，也帮助龙头企业进一步扩大了产业规模。

“脱贫奔康产业园”的主导产业是什么，贫困户的“四小工程”就跟进什么。发展肉鸡养殖的，就带着贫困户分户认养；发展柑橘的，就带着贫困户一起栽植。

县政府对 2014 年 1667 户、2015 年 4884 户，共计 6551 户已脱贫户，本着“扶上马、送一程”的宗旨，使其稳步脱贫，防止返贫，按每户 3000 元标准补助，安排落实资金 1965 万元；对 2016 年拟脱贫户 7420 户、2016 年新纳入应在 2017 年脱贫的贫困户 1264 户，共计 8684 户，按每户 5000 元标准安排落实资金 4342 万元。2017 年，通过产业园区带动全县贫困户发展小养殖 22788 户、小庭院 18298 户、小作坊 633 户、小买卖 963 户。

在“脱贫奔康产业园”的《土地流转协议》中明确规定，贫困户一家一户发展的“四小工程”，由合作社统一提供种苗，统一提供技术指导，统一组织生产管理。国公村成立柑橘合作社，种植良种柑橘“不知火”1100 亩，113 户贫困户利用自留地同步栽植“小庭院”87 亩。

对贫困户“四小工程”的农产品，由龙头企业统一包装、统一贴牌、统一销售，实现生产经营科学化、规范化、标准化。梅家乡引进龙头企业成立“六合”牌土鸡蛋生产合作社，带动了全乡 121 户贫困户脱贫增收，2016 年合作销售土鸡蛋 130 万枚，其中贫困户“小养殖”生产 53 万枚，户均增收 4000 元。

南部县拥有 131 万人口，是人口大县，也是劳务输出大县，常年有 40

村民到贫困户兴办的小卖部选购商品

通过技术培训获得工作岗位的劳动力

万人在外务工。南部县坚持把提升贫困劳动力就业能力、促进转移就业作为贫困群众最直接、最现实的增收途径，全力实施有条件的贫困家庭每户培养一名大中专学生、一名技术明白人、一名劳务致富能干人的“三个一”培养工程。脱贫户的工资性收入占到了家庭总收入的63%。

南部县多措并举，打造就业环境，促进贫困人口就业增收。

一是建立“贫困劳动力就业信息平台”。对贫困劳动力就业提供服务。建立县、乡、村三级劳动力信息数据库，开通“金保”专网，常态更新、动态管理。同时，建立南部就业扶贫微信群，与投促、住建、交通等单位和 18 个县驻外商会、100 多家县内企业建立连接，各村第一书记、劳动保障员负责在这些信息化平台上及时发布劳动力就业需求等信息，与企业进行“点菜式”需求对接。

全县 3.7 万名贫困劳动力中，县外就业 19805 人，县内就业 13865 人，稳定就业 27957 人，有调岗需求的 5713 人，有返乡创业意愿的 1458 人，有技能操作证或上岗证的 6533 人，有培训需求的 15276 人。

二是强化技能培训增强务工议价能力。针对那些年轻且有一定文化，但因家庭贫困无力深造，导致“就业能力不强、岗位薪酬不高”的劳动力，南

由贫困户担任的巡河员正在捡拾河道的垃圾

部县通过整合县内培训机构，分乡镇划片包干，定期开设挖掘机、数控等技能培训专班，提升贫困人口就业技能。实行30人以上的“请人来校”、20人以上的“办班到乡”、10人以下的“送教进村”的政策。对集中务工的贫困劳动力，由县就业局委托驻外商会聘请当地培训机构代为培训，对分散就

八尔湖游客中心施工现场及航拍图

业的贫困劳动力，动员其自主参加外地机构培训，凭发票回县内兑现补贴。无论采取哪种方式培训，只要达到标准的，都颁发技能培训合格证书，实行持证上岗，拓展议价空间。同时，县财政全面落实免餐饮费、住宿费、生活用具费、资料费、实习工装费、补助培训费、交通费的“五免二补”政策。2016 年，县内共开办培训班 54 期，3716 人通过培训实现持证上岗、稳定就业；委托 18 个南部驻外商会开展培训并发放技能证书 2636 人次，贫困劳动力月工资平均增加 1300 元。

三是以驻外商会为纽带广开务工渠道。对有一定传统技术，但“无门路不能外出打工”或“无依靠不敢外出打工”的贫困劳动力，南部县充分发挥劳务输出大县的人力资源优势，在15个副省级（含）以上城市成立驻外商会，以商会为纽带，通过“亲帮亲”促进贫困劳动力转移就业。商会纷纷成立就业扶贫办公室，落实专人负责，通过 QQ、微信等方式每周发布一次用工信息，每月开展一次网上招聘，每季度开展一次“回乡招募”。2016 年，转移贫困劳动力就业 18643 人。同时，贫困劳动力权益一旦受到侵害，商会第一时间开展依法维权服务，实现了“一座城有了南部商会，南部人就有了港湾，有了归属”。

比如，建兴镇一个贫困劳动力在乌鲁木齐务工发生意外后，南部驻新疆商会第一时间介入，县委、县政府立即组织专班，亲赴事发地提供维权服务，帮助贫困群众依法获得应有赔偿。

四是公开公正评定积极开发公益性岗位。帮助年龄大、无学历、无技术的贫困劳动力就近就业。通过开发孤寡老人和留守儿童看护、乡村道路维护等公益性岗位，按照“村‘两委’提议、村民代表审议、全体村民决议”的程序，公开评定贫困群众上岗人员，每月发放补贴 400 元。2016 年，公开评定公益性岗位就业人员 340 人，向县环卫、园林等单位公开推荐就业 316 人。

船游八尔湖

注重产业间联动，推动一二三产业齐发力，深入推进产业化扶贫，着力促进贫困人口就业，加快脱贫致富步伐。重点推动旅游业和电商发展，增加贫困户就业渠道，稳定收入，帮助其实现稳步脱贫。

旅游业发展方面，实施旅游规划引导工程。南部县完成了旅游扶贫示范区各项配套建设，成功创建省级旅游扶贫示范区。依托旅游扶贫领导小组统筹协调职能，制定年度工作目标，推行“五个一”（一份南部县民宿示范户信息卡，一块旅游扶贫示范村标志牌，一幅旅游扶贫示范村概况图，一张南部县旅游扶贫示范村自评表，一本旅游质量管理手册）模板，分解下达阶段性任务。

南部县大力实施旅游扶贫“四大工程”。

一是规划引领，在对全县 198 个贫困村摸底调查的基础上编制完成了《南部县乡村旅游发展总体规划》和《2016—2020 年南部县旅游产业扶贫专项规划》。引进更新的理念和更好的人才，吸引更多的资金，邀请国内

游客在八尔湖畔的农家乐品尝农家菜

顶级规划设计团队对升钟湖、八尔湖进行了规划设计，同时进行了景区内多个项目的包装打造和招商引资工作。对有条件的特色乡村、民俗院落、农业产业园区严格执行旅游扶贫专项规划。

二是示范带动，全年打造特色乡镇 4 个、精品村寨 2 个、民宿达标户 33 户、旅游专业合作社 16 个，安装了 7 个旅游扶贫示范村的标志牌及店招牌 49 块。

三是商品开发，依托农村专合组织，包装推出脆香甜柚、望月枇杷、“三黑一菌”等农副土特产品 10 种，扶持培育钟树皮画、群龙剪纸等文化创意产品 10 种。

四是扶贫培训，以提升从业农民的服务水平与技术技能为抓手，开展乡村旅游经营户、乡村旅游带头人、能工巧匠传承人、乡村旅游创客四类人才培训，2017 年累计完成培训 1000 多人次。

南部县与阿里巴巴集团共同打造的电子商务南部特色馆

电商发展方面，有规划地进行电商培训，整合现有培训资源，利用社会现有电商培训机构，有针对性地开展多层次培训，对培训机构、电商企业、政府机构组织的电商人才进行专业培训和对群众电商进行相关知识培训，提供场地租赁、资料制作、专家住宿、餐饮及讲课补贴等。计划培训电商精准扶贫人员 800 人次，建设特色产品线上线下馆 2 个、体验直销店 2 个。

大力推广农产品电商，按照“一乡一品”“一村一品”的原则，大力发展特色产业，培育特色品牌。支持农产品“地标保护”“绿色”“有机”“无公害”等资质的申报认证，加强特色产品品牌化建设，提升产品品质、价值和知名度。引导支持乡镇培育特色农产品生产、加工、包装、销售的龙头企业，进行认证挂牌管理和扶持。对开设网店销售农产品的商家给予一定的补助。

第三节　脱贫实，内源扶贫治理“外援依赖”

一、教育扶贫拔穷根

贫困学生何晓英是南部县永定镇永定中学的一名初中生，何晓英家里共 5 口人，父亲常年患病，哥哥初中毕业后外出务工，残疾的母亲在村子附近打零工，还要照顾 70 多岁的奶奶，一家人过得十分清苦。“我曾一度有过放弃读书的打算，但母亲坚持让我上学。”说起家里的情况，何晓英心事重重。如今，她再也不用为上学的事发愁了，因为南部县出台了一系列在校生教育资助政策，为贫困家庭学生提供了坚实可靠的支撑。“感谢学校和社会给予的帮助，让我有机会重返校园，和大家一起开心学习、快乐成长。”她激动地说。“除了政策性的‘三免一补’外，学校还为贫困学生申请了教育救助资金，并发动老师捐资捐物，做好控辍保学工作。”校

南部三中学生正在进行职业技术培训

在教育扶贫政策的推动下，南部县贫困家庭学生也能享受和
普通学生一样的高质量教育

长李冬泉说。经精准核实，学校现有 67 名贫困学生，均享受了国家及地方的各类教育政策资助。2016 年以来，南部县建立了教育扶贫资金管理册。贫困学生每享受一次资助就记载一次，做到资金发放全程公开；对在省外就读的南部籍贫困学生，发送工作对接公函，确保学生按标准及时享受资助。为保证帮扶政策覆盖到人，南部县还创新制发了《南部县教育扶贫政策明白卡》，对不同学龄阶段的学生实施 5 大类、10 项资助政策，并实行一户一卡，让学生及家长一目了然。为提高学生资助精准度，避免平均分配现象，南部县结合国家扶贫开发大数据平台，对建档立卡的贫困学生在进行“双核实”“三一致”校验的基础上，建立了教育扶贫信息数据库，实行动态管理、轨迹留痕，对已毕业贫困学生及时销号，将新入学贫

余定辉授课
《圆的认识》

困学生及时纳入，对已脱贫家庭在校生继续帮扶，巩固脱贫成果。2016年，南部县累计发放各类助学金、教育救助金、公益助学基金等教育资助金 6800 余万元，实现建档立卡贫困学生全覆盖。

“注意我们所画物体相互间的位置，学会利用色彩来区分层次……”这是建兴镇建兴小学“合一书院”的一幕场景，虽然已经放学，还有一群孩子在老师的指导下学习绘画。“他们大多是贫困家庭的留守学生，从小缺少父母的关爱。”辅导老师杨建已不是第一次在放学后给孩子们上课了。他说，除了鼓励孩子们积极参加兴趣班，他每天还要陪着孩子们做功课、散步、聊天。家住碾垭乡付家庙村的杨舒慧是杨建带的留守学生之一。父母在外打工，杨舒慧从小借住在建兴镇的亲戚家。对于目前自己的学习和生活状况，这个 12 岁的女孩流露出同龄人未有的沉稳，她说道：“在学校的关心和老师的关爱下，我虽有遗憾但也满足。”“对于贫困学生，我们坚持三个‘结对关爱’，关心生活、关注心理和关切成长。”南部县教育局相关负责人说，南部县采用一名帮扶干部结对关爱一个贫困学生的帮扶方式，帮扶干部每周至少与帮扶学生联系一次，每月至少与贫困学生家长、监护人或班主任老师交谈一次，每年至少为贫困学生家庭办一件以上实事，并及时掌握贫困学生生活、思想和学习状况，通过资金、实物等方式帮助贫困学生家庭渡过难关。对贫困留守儿童，帮扶干部每月至少与其共同生活一天，进行心理辅导和习惯教育。实行一名任课老师结对关爱一名贫困学生的办法，每名教师至少结队帮扶一名建档立卡贫困学生，每月对帮扶学生进行两次以上心理疏导和学习辅导，每学期进行三次以上家访。对残障等级较高、失去行动能力的贫困学生，还开展结对教师定期送教上门服务，让残障学生接受义务教育。采取一名爱心人士结对关爱一名特困学生的措施。这些措施的实施让贫困学生和留守学生得到了充分的关怀，让他们从小就对生活树立一种希望和向往。

二、文化扶贫正风气

文化扶贫跟教育扶贫紧密相关。文化扶贫是在精神引领贫困地区文化价值、增强贫困地区文化自信方面发挥精神扶贫作用的主要方式之一。文化扶贫工作能够有效改善贫困人口与现代社会不相适应的习俗、心态及价值理念体系，重构其文化价值和经济价值思维和观念，为持续、彻底扭转贫困面貌创造条件，是促进贫困地区经济发展、改变贫困地区经济结构、改善贫困地区人民生活的关键所在。

南部县在脱贫摘帽以前，贫困村并没有实现文化基础设施等载体和文化服务建设活动等全覆盖，南部县之所以能在文化惠民扶贫中取得“村村通广播”“户户通电视”的成效，可归结于南部县将重构完善贫困村的公共文化基础服务建设作为文化扶贫的落脚点，大力实施“文化室到村，广电网入户”工程，为贫困村群众的娱乐活动场所和文化学习的地点提供了保障。同时，南部县也注重培养贫困地区群众正确的价值观，从实地调研中对贫困户和一线扶贫干部的走访中了解的情况来讲，脱贫攻坚前期最

东坝镇打鼓山村文化室

难、最需要解决的问题就是贫困户的不主动、不积极等不愿意脱贫的现象，因为这样后面的工作开展起来就不那么顺利，从前期贫困户的心理和行为选择综合来看，主要表现在听天由命的人生观、得过且过的幸福观、小农本位的生产观、好逸恶劳的劳动观、重义轻利的道德观、只求温饱的消费观、安土重乡的乡土观、多子多福的生育观等。因此，南部县在开展每一项扶贫措施前都进行深入精准调研，先通过与贫困户同吃同住，坐在一条板凳上对群众开展“五大专题教育”和“家规家训家风”等系列人文建设活动，以春风化雨的形式，持之以恒对贫困地区的群众加强自强、诚信、知耻、好学、求新、务实等中华民族美德教育，树立良好的社会风气，培养南部县贫困地区群众正确的文化价值。文化广场上，人们伴随着音乐跳舞；农家书屋里，人们专心致志阅读书籍；文化活动室内，人们尽情施展才艺、自娱自乐；信息共享室中，人们用电脑上互联网，查询脱贫良策……如今，走进南部县乡村，文化扶贫给贫困群众带来的变化让人耳目一新。

南部县中华传统文化主题演讲比赛现场

“自从村里的文化广场和文化活动室建成后，大家日常生活大不一样了，唱歌、跳舞、看书、下棋等，各有各的热闹。”南部县永定镇窑湾村，文化广场上，不时有村民在健身器材上锻炼身体，一些群众还在热烈的音乐中跳起了广场舞，文化室内人们读书看报、下棋聊天，其乐融融。“村里建起了文化活动场所，不仅让村民休闲娱乐有了好去处，也为村‘两委’开展各类群众活动提供了阵地。”窑湾村党支部书记黄宗贵介绍。该村坚持用好相关专项资金修建群众文化广场，配套建设综合阅览室、文化活动室、农家书屋、广播室等场所，配置健身器材、体育用具、乐器等文体娱乐设施，并设置专人进行日常管理和维护，丰富了群众的文化生活。

在碑院镇林坝村，一面面绘有中华传统美德和社会主义核心价值观的文化墙让人眼前一亮，一幅幅精美的墙画在村里随处可见。“美观、大方、实用，一面面文化墙就是一道道风景。”林坝村第一书记张浩谈道，“在精准扶贫过程中，林坝村创新文化惠民形式，既注重加大文化阵地的‘硬件’建设，修建文化广场、文化活动室等，也加强文化阵地的‘软件’配置，实施‘文化上墙’工程，以群众喜闻乐见、通俗易懂的形式，教育和引导群众积极向上、自主脱贫。”“将脱贫攻坚工作与文化建设相结合，让贫困村群众在文化参与中体验公共文化服务带来的好处。”县文广体局相关负责人提到，南部县在推进精准扶贫过程中，因地制宜，转变思路，在有效整合现有资源基础上，加大农村文化场所建设项目投入力度，充分发挥文化惠民、文化扶志等综合功能，激发群众脱贫奔小康的信心。

在定水镇郑家沟村的文化活动广场上，200多名村民齐聚一堂，或站或坐，观看南部县文广体局送来的“携手同心·脱贫奔康”文化惠民巡回演出。“现在可好了，在家门口就能看演出，而且他们还教我们怎么把歌唱好、把舞跳好。”年过40岁的村民杨君秀是个舞蹈迷，她开朗地说道，“如今村里成立了文艺队，我要趁机好好学习，将来好给村民们表演。”“文化活动既能丰富村民的生活，也增进了邻里感情。”郑家沟村党支部书记魏东岳说，通过不断地文化投入和一系列群众文化活动影响，促使不良习惯得到转变，良好的村风、民风正逐渐形成。贫困户魏丕仁，以前看电视对于他来说是一件很奢侈的事情，没有电视广播，他就接触不到多少外界信息和新鲜事物，现在他家不仅安上电视，而且县“户户通”工程技术人员听说老魏家的电视信号有问题，就主动到他家查看解决。老魏感慨地说，现在收看到了电视节目，不仅能了解更多的国家大事，日子也过得更快活了。“电视‘户户通’工程是文化扶贫惠民行动‘送文化’的重要内容。”县文广体局相关负责人说，为了让贫困群众都能共享经济社会发展成果，自精准扶贫工作开展以来，南部县通过前期的详细摸排走访和整改，采用有线电视入户与直播卫星入网相结合的方式，基本实现了广播电视“户户通”，有效解决了贫困户看电视难的问题。

升水镇临江坪村村民宋坤明家中，各式剪纸、树皮画、根雕等作品摆满大厅。小院里，三五成群的游人一边观赏拍照，一边等待着他家的乡村美食。作为南部县的民间根雕艺人，宋坤明的渔家乐充满着“乡土文艺范”，成了备受游客追捧的“景点”。南部县在推进文化扶贫过程中，积极支持民间文化艺术创作培训、产业开发等工作，开发了以树皮画、傩戏面具、马王皮影等为主的创意文化产品11个，打造了以桂花茶、蛋壳画、嘉陵江奇石等为主的文化产品13个，挖掘了以适山春酒、升钟湖“三黑一菌”、胡氏豆瓣等为主的文化旅游农副土特产品20个。截至2017年，南部县文化类从业人员达1万余人，文化经营总产值达5亿元，文化产业不断发展壮大，成为引领农民致富、改善文化民生的新路。南部县在脱贫攻坚工作中，加大贫困村公共文化服务投入力度，坚持“以文化下乡强动力、以自娱自乐聚合力、以百姓舞台展魅力”，把扶贫政策、脱贫致富典型、家风家教等编排成歌舞、小品，开展巡演达90场次。建立民间器乐队、秧歌队、舞龙队和广场舞队等各类民间文艺群体91个。配送拉杆音箱、乐器近400套，带动近800个村每年举办群众文化活动，15个村探索乡村“春晚”。开展“南部县脱贫攻坚故事汇”“最美南部人”评选等活动，弘扬主旋律，传递正能量。

南部县脱贫攻坚主题故事汇比赛

三、就业扶贫寻出路

就业是南部县内源扶贫的组成部分之一，是帮助贫困人口脱贫的重要途径。就业扶贫通过转移就业使贫困农民获得更多的非农收入，从而达到脱贫的目的。扩大贫困农民的非农就业、提高贫困劳动力的就业质量、实施特困群众以工代赈的托底就业，是缓解农村贫困现象的有效手段。

南部县通过“三个一”工程培训贫困劳动力技能，使其有外出就业的能力；以“五免两补助”助推贫困劳动力获得技能资质证书，增强其在就业市场的议价能力，不断提高进城农民工的就业质量；以内外联动的劳务合作，扩宽就业渠道。以此使贫困农民转移到非农部门就业，增加他们参与非农部门就业的机会，让其有能力胜任转移就业的岗位，同时开发公益性岗位为特困群众构筑保障底线，绝不漏掉任何一个贫困人口，从而增加贫困农民收入，

南部务工人员培训大会

使他们走上脱贫奔小康道路，具有积极的现实意义。

2016年12月20日上午，南部县碑院镇林坝村村委会有点热闹。一些村民聚集在一起，为来年外出打工寻找机会。在一个长条桌旁，27岁的村民胡小芳先进入一个微信群，她看到一家化妆品公司招销售员的信息后，果断打开了连接在电脑上的摄像头，再仰望挂在村委会墙壁上的电子显示屏。她在等待与这家化妆品公司的负责人交流。她内心有点小紧张。很快，电子显示屏的左边，露出一名妆容精致的中年女子的身影；右边，正是站在村委会长条桌旁的胡小芳。“我们公司是一家在四川和云南都有业务的化妆品公司，我们想招两种职员。”那名中年女子介绍说，他们想招销售员和仓库发货员。销售员方面，希望招到能适应长期出差的女性员工；仓库发货员方面，希望招到有一定电脑知识并能驾车的男性员工。“请问，你们待遇如何？”胡小芳赶紧了解她最想知道的收入问题。对方告诉她：“收入分为底薪和提成两部分。底薪每个月从2000元至4000元不等，努力工作的

年度驻外商会招聘会，为贫困就业人群提供新就业岗位

话还有更高的提成。”

随后，胡小芳还就自己关心的试用期、是否包吃住等问题与对方进行了沟通。胡小芳初中学历，家庭经济状况不好，以前与老公在省外打工。后来公司效益不太好，她索性回家休息。想着还要养 4 岁的娃娃，就又萌发了外出打工挣钱的念头。到哪里去找工作呢？哪里的工作适合她呢？听说村上可以让她不用出门，就能与远在千里之外的用工单位进行沟通与面试，于是，她赶到了村委会来碰碰运气。一来，她就在微信群里看到了上百个用工信息，结合自己的情况，她选择与这家化妆品公司进行交流。一番视频沟通之后，她觉得这个岗位比较适合自己，也觉得这样找工作真是太方便了。找工作，到村委会，成了不少南部县村民的新选择。

百家贫困人口培训

正在进行中的服务业培训

34 岁的李进辉是肖家乡老牛沟村贫困户。他 11 岁母亲去世后，父亲也离家出走了。13 岁起，他就开始了养活自己的人生。后来，他在亲戚家的房子里结了婚，生了两个孩子，生活一直很艰难。实施精准扶贫后，他家享受了易地搬迁政策，搬进了 70 多平方米的新屋，没有技术的他发现，近几年各地新农村建设十分火热，跑货运很来钱，于是萌生了考驾照、跑货运的想法。南部县就业局针对贫困群众组织了为期 3 个月的就业扶贫培训班，不仅免学费、住宿费，还发交通补助。李进辉激动不已，报名参加培训。他说，就业部门拉他一把，自己再努力一把，完全有信心把日子过得更好，李进辉说，就业培训将彻底改变他家的生活。

在就业扶贫培训切实开展过程中，不少群众表示，通过就业来帮助贫困家庭脱贫的方式非常好，不仅能增加他们的收入，改善生活，还能帮助他们学到一技之长，让他们对未来的生活充满信心。

南部县碑院镇大佛村曾是有名的重点贫困村，这个村在帮扶干部——南部县人民医院院长助理涂彪的带动下，于 2016 年退出贫困村序列，村里 104 户 406 名贫困人口摆脱贫困。大佛村先后五次夺得脱贫攻坚验靶流动红旗，成为“集体经济示范村”，并被授予“农民夜校示范村”“四好村”“乡村旅游示范村”等称号。

碑院镇大佛村 66 岁的脱贫户冯文平每天清晨起床第一件事，就是把房屋里外打扫得干干净净。作为县人民医院的一名护工，每天早上 8 点，冯斌昌会准时从租住地赶到医院上班，每月 2000 多元的固定收入，让冯斌昌感到很满意。

然而，就在两年前，冯斌昌还在为寻找一个稳定的增收门路而发愁。冯斌昌是个孝子，多年来，为了照顾瘫痪在床的老母亲，他不能外出打工，收入也没有保障。为了解决他家的经济困难，村“两委”曾安排他从事村

南部县来洞头实训的学生在学习技能

里的公益性岗位，但不久，由于其母亲病重，冯斌昌只能寸步不离照顾母亲，便辞去公益性岗位。2016 年 10 月，母亲病故后，冯斌昌外出到上海务工，由于没有任何技术，外出务工几个月的冯斌昌连回家的路费都没有挣够。得知冯斌昌的境况后，2017 年 6 月，涂彪赶到上海将他接了回来，并向医院申请，让他通过培训后在护工服务队工作。如今，冯斌昌在护工服务队已工作了一年多时间，他的出色表现得到了病人和同事们的认可。在大佛村，像冯斌昌这样通过涂彪以及村“两委”和帮扶单位找到称心工作并脱贫致富的还有 40 余人。

成在何处？实心用事，干群一家

第一节　扶贫干部一面旗

南部县牢记习近平总书记“全面小康是全体中国人民的小康，不能出现有人掉队”的重要嘱托，紧扣“脱贫奔康，决战决胜”的目标任务，以背水一战的决心、攻坚拔寨的勇气、不胜不休的毅力，在全县掀起了一浪高过一浪的脱贫奔小康热潮。

南部县聚焦贫困山村，全县决战意志统一，决战态势全面形成；以前所未有的担当，坚持把脱贫攻坚的责任抓在手上、扛在肩上、落实在行动上；以前所未有的要求抓脱贫，发扬特别能吃苦、特别能奉献的拼搏精神，发动上千名干部和驻村工作组下沉到村，分块包片，责任包干；以前所未有的力度抓脱贫，各级党政领导既挂帅又出征，亲临“一线指挥”，亲临“前线参战”，亲临“火线突击”，制定任务书，列出时间表，现场观摩、现场验靶，确保脱贫攻坚有力推进，落实有效；始终以前所未有的督查抓脱贫，高密度督查暗访，每日一通报，每周一挂牌，每月一评比，每季一拉练，形成了人人给力、大家尽力，一切为了脱贫攻坚的浓厚氛围。

嘉陵江奔腾不息，穿城而过，留下这片广阔的土地；长坪山红旗飘飘，战火猎猎，埋下革命的火种。在脱贫攻坚的战争中，南部县33名县级干部一面旗，成为勇往直前、战无不胜的“战狼团队”。他们与时间赛跑，为群众脱贫昼夜兼程；与病痛斗争，为村民纾难鞍前马后；与爱心同在，陪伴群众阳光前行。用生命和热血，谱写了一曲曲感天动地的“爱民之歌”。

一、一场没有硝烟的战争

“红军英烈千古，红军精神万岁。”在阆中、仪陇、南部三县交界处的长坪山上，耸立着一座红军纪念碑。在红军纪念碑后面，至今保存着9座泥墙砖瓦房，这些旧居就是红四方面军74团和81团团部旧址，当年徐向前、许世友便借居在这里。

青山埋忠骨，松柏寄哀思。纪念园里，800多座墓碑悄无声息地诉说着当年战争的惨烈，他们是80多年前牺牲在南部的革命英烈，都有一个共同的名字——红军。

南部县是川陕革命根据地的重要组成部分。红军在南部县活动期间，全县12000多人追随共产党，加入红军，3000多人参加地方革命武装。中华人民共和国成立后，据统计，当年参加革命的人中，幸存者仅千余人，其余均血洒沙场，为国捐躯。如果说80多年前的战争，是一场硝烟弥漫的壮烈史篇，那么，今天的脱贫攻坚，就是一场没有硝烟的战役。“我们有信心和决心打赢脱贫攻坚这场硬仗。”站在刘连长墓前，南充市副市长、南部县委书记张根生动情地说，“革命年代，南部县的老百姓选择跟随共产党，如今我们要用事实和努力证明，共产党人能够兑现庄严承诺，不辜负人民选择。”如今作为四川省第一批脱贫摘帽的县区之一，南部县这个拥有 131 万人口的国定贫困县已通过了“国检”，这凝结了多少人的智慧和汗水！

“没有比人更高的山，没有比脚更远的路。”80 多年后，红军精神薪火相传，成为脱贫攻坚的力量源泉。南部县委、县政府高举红色战旗，汇聚红色力量，深入践行习近平总书记关于扶贫工作的重要论述，在 33 名县级干部的带领下，全县拧成一股绳，向贫困发起攻坚，3 年时间，共减贫 24057 户 77180 人，贫困发生率降至 2.31%。

“从古至今，老百姓要想见到县大老爷，很难。没想到，一个堂堂的县委书记还叫我杨哥，脱贫前后经常到我家，比亲戚还亲啊！”在离长坪山红军战场遗址不远的长坪镇双沟村，69 岁的村民杨在亮是县委书记张根生帮扶的贫困户。杨在亮家在短短一年时间内就摆脱贫困了，家庭人均收入上万元，被群众推选为南部县“四好”星级示范户。

县基层干部在扶贫攻坚一线与村民交谈

2016 年 8 月，脱贫后的杨在亮按捺不住感恩的心情，给县委、县政府送了一面锦旗，“感谢共产党，难忘父母官”。“张书记每次都自带水和干粮。2017 年 5 月 8 日，他上午帮我收油菜，下午又帮我栽秧，中午在我家吃了一碗面条，还硬是给了钱。”谈起县委书记，老杨热泪盈眶。

1933 年，红四方面军途经长坪镇，激战长坪山，当时碑院镇有 34 名群众参加红军。村民李正明当年参加了红军徐向前部队，参加过通江战役、苍溪渡口战役等，于 2013 年去世。“虽然是非贫困户，但我们同样享受到了党的政策红利，自来水安装到灶台，出行难、用水难等问题得以根本解决。老百姓的日子，如同芝麻开花节节高。”李正明的儿子李在田感慨道。

二、一张标满箭头的战图

在南部县脱贫攻坚挂图作战指挥室，100 多平方米的大厅俨然战争年代的前线指挥部，8 台电脑、2 个数据平台高速运转，所有脱贫攻坚战的规划、

帮扶干部到贫困户家中走访

县基层干部在扶贫攻坚一线与村民交谈

方案和细则，都在这里制定出台；墙壁上张贴的脱贫攻坚战区分布图、重点区域作战图一目了然，每攻克一座贫困“山头”，都要插上一面红旗。

“33名县级干部，个个都是人民心中的‘战狼’。他们既是指挥员，也是战斗员，不怕流血牺牲，攻城拔寨，攻坚克难，冲锋在前。”南部县扶贫和移民工作局局长谭必武见证了县领导干部们一个又一个不眠之夜，白天下村调研发现问题，晚上一起碰撞思维火花，指挥室里常常灯火通明。

2017年8月13日，在四川广元举行的全省“五个一”帮扶力量工作推进会上，张根生为全省87个贫困县的负责人，作了《示范引领冲在最前，深入一线干在最先》的经验交流。33名县级干部不畏艰难、鏖战脱贫、率先垂范的故事，感动了很多人。

“任务最重的乡，书记县长亲自挂；问题最多的村，县级干部亲自包；难度最大的户，县级干部亲自帮。”2016年到2017年9月底，中央、省、市扶贫现场会在南部县开了10多次，辽宁、广西、河北、湖南、青海、甘肃、重庆等地的60个考察团先后到南部县取经。大家感慨：南部县县级领导班子在脱贫攻坚中，真正发挥出了标杆引领作用。

33名县级干部除每人具体帮扶5户最困难的贫困户外，还要挂联1—3个乡镇以及对应的所有贫困村和贫困户。每季度现场验靶时，被黄牌警告乡镇、村的挂联县级干部，必须在全县大会上公开检讨，哪个村班子最软、矛盾最多，挂联乡镇的县级干部就直接联系，班子不建强不销号，农户不脱贫不脱钩。

三、一名领导值守的大楼

“最近很忙，没有扶贫的事，就不要联系了，我不是在扶贫的路上，就是在扶贫的现场。”在迎国检的前几个月，一些县级干部为避免干扰，在微信朋友圈发出声明。

南部县地处秦巴山脉干旱走廊，深丘地段，历史上就是川东北较为贫困的县之一。从2014年全面打响脱贫攻坚战以来，33名县级干部“5+2”“白加黑”，挑战生命极限，用脚步丈量贫困山村，南部县山山水水、村村户户都留下了他们坚实的足迹。

2016年8月9日，四川职业技术学院下派到南部县定水镇龙凤村的第一书记江华明在群众家中查看农凤鸡生长情况

这个优秀的群体用实际行动践行着南充市委书记宋朝华的要求：脱贫攻坚是天大的事，必须使天大的力，尽天大的责。

2017 年国庆期间，修建一新的大堰乡八尔湖风景区开门迎客，每天上万名游客饱览湖光山色，农家乐生意火爆。可是少有人知道，繁荣背后干部们付出的艰辛。2017 年 3 月，县人大常委会主任胡修云领命八尔湖旅游扶贫开发项目，创建 4A 景区，他便与县人大常委会副主任汪文成一头扎进了游客中心工地，与建筑工人同吃、同住两个多月，以争分夺秒的拼抢精神，硬是将 18 个月的建设任务压缩到 6 个月，景区赶在国庆对外开放，同时还在大堰乡发展了 5000 亩水果观光带。

“来来来，快到田坎上休息一会儿，都栽了 3 个小时了，腰杆都没直一下，我都不知道该怎么感谢您哟。”中心乡狮子嘴村贫困户杜继珍如是说。2017 年 4 月，县政协主席时春英得知挂联村的许多贫困户缺劳力，便带领县政协机关 20 余人，冒着春寒，帮老百姓栽秧、割油菜。由于脱贫攻坚任务较重，几乎没有节假日，早该做声带息肉手术的她一拖再拖，因在挂联的 9 个重点贫困村中多次召开群众会、党员会、院坝会，宣传脱贫攻坚政策，有 3 次声音嘶哑得说不出话来。为解决高山村的饮水难问题，她冒着 40 多摄氏度的高温，带领相关人员现场踏勘，让该村很快通上了自来水。

“时主席就是我们的挖井人，我们永远不会忘记她。”贫困户冯明喜发自肺腑地讲。

在南部县流传着“一个人的办公楼”的故事。2017 年 3 月初，南部县发动脱贫攻坚春季攻势，四大机构各个帮扶单位、全体机关干部都下乡进村了，连续 20 天，偌大一个县委办公楼，除两名保安值班外，只留下县委常委、常务副县长蒲冠舟一个人驻守处理日常事务。一手抓资金筹措，一手抓扶贫攻坚，蒲冠舟挂联帮扶三清乡，他可没有少去。他牵头主抓的扶贫小额信贷、扶贫专项资金拨付、便民服务中心建设都圆满完成目标任务。扶贫资金怎么来、怎么使用是一道难题，他与财政局班子成员商讨到凌晨3点，持续一周不曾间断。2016年，全县共投入扶贫资金29.52亿元，为脱贫攻坚战备足了“粮草”。

白天在田间地头帮群众规划发展产业，晚上以村组为单位组织群众召开院坝会。光中乡中和村的老百姓不无感慨地对县委常委、政法委书记王洪波说：“几十年来，没有县领导来我们这么偏远的地方像这样与我们心连心、心贴心，同吃同住帮助我们。我们如果不能努力实现脱贫，那就真的良心有愧，对不起你们了。”高岭村的群众对王书记说：“你们不仅帮我们脱了贫，而且还把我们村里的风气变好了。”由于长期吃住在村社，王书记的右脚被蚊子叮咬，感染后发肿，连鞋都穿不进去，仍然坚持拖着一只鞋战斗在一线。由于没有及时治疗，直到现在他右脚踝处仍留有记载当时艰辛岁月的历史痕迹——一块红色的大伤疤。

大大小小的民情笔记十几本，记着贫困群众的需求。南部县政府副县长兼盘龙镇党委书记冯文强坦言，脱贫攻坚战役，最大的收获是党群、干群关系的改善，以心换心，赢得民心。干部进村入户的时间多了，交心谈心的时间多了，解决群众的问题多了。

被嘉陵江一分为二的盘龙镇是南部第二大镇，因自然条件落后，脱贫任务面临严峻挑战。2016年以来，冯文强带领镇村干部以满腔热情投入扶贫工作中，全镇减贫60户185人，贫困发生率从7.8%降至0.6%。为了能全身心投入扶贫，他把母亲送到了外省姐姐家居住。儿子考大学，他都没有时间去关心过问。

作为分管副县长，邓彪长年加班加点，睡眠严重不足，身体长期处于亚健康状态。特别是在摘帽攻坚的关键时期，邓彪常常几天几夜不眠不休，冲在最先、干在最前。高血压的老毛病反复发作，即便吃了降压药，血压也常常居高不下。

钟源是南部县政府班子中唯一的“80后”，人虽然年轻，抓起扶贫来却老练十足。他白天到挂联乡镇入户座谈，及时掌握推进情况。到了晚上，他又组织相关干部研究解决问题的办法，落实政策的举措，体现出了年轻领导干部在脱贫攻坚中应有的担当。

被永庆乡水垭村村民称为老徐的，是县人武部政委徐小斌，老徐其实并不老，40来岁的年纪，黝黑的皮肤发着光亮，脚下那双开口的军用皮鞋沾满泥土，若不是那身笔挺的军装，还以为他是一个地道的农民。作为县级干部，徐小斌挂联的是大坪镇、伏虎镇，还要操心人武部帮扶的永红乡三合村、永庆乡水垭村。在营山农村长大的他，自称到村扶贫就是回老家，他走遍了1000多家贫困户，还时常帮村民干农活，先后穿烂3双军用皮鞋。

每到春种秋收季节，由徐小斌组织的为民突击队和民兵应急大队，140名身穿作战服的战斗队员，成为田间地头一道亮丽的风景线。白天抢种抢收，晚上睡帐篷，自带军用水壶，饿了吃压缩饼干，老百姓说，当年在南部战斗的红四方面军又回来了。

四、一串泥土芬芳的绰号

杨庆萍和刘卫颖是县委常委中仅有的两名女性，长期奋战在扶贫一线，她们战严寒，斗酷暑，风里来，雨里去，被基层干部群众打趣为“村姑”。

2013年南部县创建国家卫生城市时，主抓这块工作的杨庆萍落下了胃神经官能症的毛病，在扶贫期间，常常痛得满头大汗，吃止痛片也由开始的1片，增加到5片，人们不时看到她在乡村一边输液一边工作的身影。

2016年3月，杨庆萍接手全县任务最重之一的住房保障建设任务，涉及易地扶贫搬迁，C、D级危房改造，地质灾害避险搬迁等工作。安居才能乐业，面对住房这个最大的民生工程，她与时间赛跑，让所有农户都住进了安全房，有了安稳的家。

“妈，地震了，你没事吧？”九寨沟地震发生时天色已晚，南充有明显震感，刘卫颖在南充读书的女儿从顶楼的家里冲到楼下，急忙给还在下乡路上的她打来了电话。“妈妈没事，你要照顾好自己。”长时间没有回家的刘卫颖对女儿特别愧疚，但为了扶贫工作，她把这份牵挂埋藏到了心里。2016年10月，刘卫颖从南充日报副总编辑调任南部县委常委、宣传部部长，刚到南部县便挂联了当年全县农民人均年收入最低的乡镇——兴盛乡，她带领宣传部的同志奔忙在脱贫攻坚的路上。2016年底和2017年7月，县委宣传部帮扶的兴盛乡二龙场村两次迎接严肃的国家精准扶贫工作第三方评估，成绩骄人。刘卫颖一直着力文化扶贫工作，此刻她又在研究总结扶贫文化的路上创新载体，上下求索。

黄杰是四川省委政研室的处级干部。2015年，他下派到南部县担任县政府副县长兼任碑院镇林坝村第一书记，从省城到县城再到乡村他实现了角色的三次转变，而今，他有了一个有趣的称号——“狗不咬县长”。

林坝村是南部县出了名的信访村，选村干部的大会还没有低保评定会上人到得多，个别群众甚至为争低保大打出手，几次村民大会都不欢而散。面对如何脱贫的问题，曾是军人的黄杰，重上战场。脱贫的基础是思想观念的转变，重点是扶志和扶智，他向陈规陋习开战，以“转观念，改习惯、促发展”为主题，经常与群众展开大讨论，提升群众内生动力。黄杰挨家挨户做工作，又组织由15名留守妇女组成的生产队，去除房前屋后杂草、杂树130多亩，为产业扶贫夯实了基础。一次次进入农家院落，一次次进门求策问技，农忙时亲自下田插秧、下地割麦等，黄杰变成了名副其实的“村官”，

南部县全县重点项目、脱贫攻坚“现场验靶”推进会

成了群众口中亲热的“狗不咬县长”。

林坝村三组贫困户王定方家有四口人，一家子近20年没回过林坝村，家里的土墙房子早已破烂不堪，全家人在山西住破窑洞，以拾荒为生。“走得再远，也是我们的亲人，脱贫不能落下一户一人。”黄杰亲自安排干部把王定方一家从山西劝回了家。

然而，世事无常，王定方被查出患有重病，不久就过世了，留下母子三人，身无分文。黄杰发动群众为王定方家募捐1.72万元安葬费，把王定方19岁的儿子王金龙介绍到县城当维修工。2016年9月，经过努力，母子三人搬进了新房。王定方的藏族妻子白五拉姆激动地说：“要不是黄县长，我们还在山西捡破烂……”

地处升钟水库重淹区的双峰乡青龙宫村，鸡鸣三地，与剑阁、阆中接壤，是南部县最偏远的贫困村之一。升钟湖把该村分割成3个半岛，全村10个组，有5个组需要坐船出行。村民们在山上俯瞰烟波浩渺的升钟湖，却用不上水。面对艰苦的脱贫环境，南部县政府副县长、公安局局长吴宗学，戴起草帽当“农夫”，挽起裤脚进麦地，暗下决心改变这里的落后面貌。

当过兵、干过刑警的吴宗学展现他的铁汉柔情，与政委黄在伦组建了驻村工作组，每年都组织助农服务队为群众春耕夏收。二位领导多次现场办公，帮助村里修建通信基站，彻底解决村里手机信号不通的问题；筹措资金1600万元，修建集中供水站，家家用上了自来水，结束了该村靠天吃饭、望湖兴叹的历史。

张全杰是南部县政府党组成员、工业集中区管理委员会主任。他白天工作太忙，村上会议基本上都选在晚上召开，群众把他称为“夜会干部”。他挂联的天井村的贫困户王桂珍，儿子罗乾初中毕业后在家待业，感觉人生迷茫，无事可做，张全杰就资助他去学理发。如今，罗乾在成都当理发师，每月收入5000多元。张全杰还资助天井村两名孤儿罗波、罗大林学水电安装，并联系到上海南部商会会长罗强，帮助两人找到稳定工作，包吃包住，每人每月收入超过3000元。而张全杰83岁的老母，被确诊为贲门癌晚期，没法做手术，在成都中医药大学附属医院躺了好几个月，他也没有时间守在身边尽孝。

“自古忠孝难两全，母亲病重卧床不起，不能床前尽孝，我心里有愧。等脱贫摘帽一宣布，我要做的第一件事，就是到成都看她。”张全杰眼含热泪。

“村姑常委”“狗不咬县长”“农夫县长”“夜会干部”……

从群众口里叫出来的特殊称谓，是群众对干部的最高认同，反映出干部的苦干实干。

基层干部向群众传达学习习近平总书记系列讲话精神

五、一套行之有效的绝活

脱贫攻坚，是最大的政治任务。脱贫摘帽，是一场攻坚之战，是一场狙击之战，是一场荣誉之战。33 名县级干部在工作中实践，在实践中升华，练就了行之有效的绝活。

如何抓好工作落实？ 南部县坚持把挂责问效贯穿始终，坚持把立说立改贯穿始终，坚持把制度约束贯穿始终。

按照“任务到人，责任到人”原则，实行“挂图作战 + 现场验靶”的方式当面交账，每季度对全县贫困户进行一次全覆盖交叉检查的现场验靶，好的发流动红旗、差的给黄牌警告，连续三次黄牌警告的，乡镇和帮扶单位主要负责人引咎辞职。谢河镇射洪庙村在季度验靶中得了黄牌，挂联的县委常委杨庆萍连续两个月盯住这个村不放，硬是把缠访、闹访的“问题村”变成了干群一心的“四好村”。“老百姓是最容易感动的，只要你真心付出，他们都会买账，思想通了，一通百通。”杨庆萍说。

按照“问题导向、差距管理”的原则，南部县纪委、监察局转变理念，推行了以精准巡查、精准整改、精准问责为主要内容的脱贫攻坚专项巡察，全力助推脱贫攻坚。县纪委牵头抽调150名干部成立40个巡查组，全天候无死角进村入户蹲点巡察，发现问题当天交办，当天整改，整改不到位的，一律轨迹剖析、电视问责。平时没有发现问题，复查时出现问题的，倒查巡查组责任。“问题才是最大的财富，平时发现的问题越多、整改的问题越多、关键时刻出问题的可能性就越小。”南部县委常委、纪委书记赵平说。危房改造作为住房保障的重要内容，一度普遍出现全县危房整治不力的问题。赵平拿自己开刀，把自己挂联的东坝镇，率先在《阳光问效·追踪问责》上曝光，镇长在短片上检讨，立行立改，使这一全县共性问题很快得以解决。

按照“强化监督、阳光操作”的原则，南部县检察院检察长敬永国牵头，组织相关部门，建立了扶贫领域资金直发法律监督平台，对骗取、冒领、截留、挪用、贪污扶贫惠农资金的行为进行了查处，探索出惠农扶贫监管的“南部模式”。

县扶贫办宣传扶贫政策活动

如何围绕“脱贫抓党建、抓好党建促脱贫”是县委常委、组织部部长袁剑柏经常思考的问题。经过深入调研，他以提升基层组织力破题，率先推行“五带五强”第一书记工作法，强化第一书记脱贫攻坚“领头雁”作用；按照“三抓三治”方式集中整顿软弱涣散村，有效实现后进村的转化；按照“产业 + 支部”思路，探索出“双动五联盟”“三带三联建三园”等支部引领产业新模式；按照产业党委、产业党总支、产业党支部、产业党小组四级覆盖模式，正在加快筹建八尔湖环线“脱贫奔康”产业党组织。一系列组合拳的有力打出，筑牢了攻坚堡垒，锻造了攻坚队伍，建立了攻坚机制，为赢得脱贫攻坚战提供了坚强有力的组织保证。

如何调动群众参与？在脱贫工作推进中，南部县坚持事事与群众商量，处处接受群众监督。特别是在处理和群众密切相关的事务中，始终坚持村“两委”提议、村民代表审议、全体村民决议，召开村组干部会，全体党员

脱贫攻坚专题辅导报告会南部县分会场

会、村民代表会、联社会、院落会等“三议”“五会”的群众工作法，做到领导不拍板、群众说了算。县上还开展“干群一家亲”活动，33 名县级干部带头，通过助耕帮扶、家访住夜、送医进村等十大惠民行动，赢得了群众信任。2016 年，全县党风廉政建设社会满意度在全省排位大幅上升。

贫困户与非贫困户、贫困村与非贫困村发展不平衡问题，是脱贫攻坚中出现的导致群众满意度不高的突出问题。南部县委常委、政法委书记王洪波不仅总结归纳了精准扶贫“十字歌”在全县借鉴推广，还探索出突出重点、全面兼顾，基础共享、产业同建，差异配置、方式多元的问题解决办法。他挂联的 3 个乡镇，都从细致入微的思想工作入手，解决了非贫困户不平衡的心态问题，产业发展中注重组织非贫困户带动贫困户，使之成为共建共享、共生共融的利益共同体，村里群众更加和睦、团结、友善、互助。

脱贫工作中，个别群众因为心存芥蒂，往往不甚配合，甚至成为负面元素。县级干部们就通过搭心桥、作沟通，疏解群众的负面情绪。对于影响到脱贫大局的违法犯罪行为，坚持依法治理，通过治理教育群众纯正风气。“民心是脱贫攻坚的灵魂，一切发动群众、一切依靠群众，是党的优良传统，也是脱贫攻坚的制胜之宝。”县人大常委会主任胡修云说。

“脱贫攻坚决战决胜，没有县级干部这个坚强团队是无法做到的，国家扶贫验收，群众满意度要求达到 90% 以上。南部把丰碑树在了人民心坎上。”县政协主席时春英说。

县委、县政府等有关领导同志，以坚决完成脱贫攻坚任务的决心和担当，不论严寒酷暑，早出晚归地奔忙在挂联乡村，耐心细致地与群众话家常、讲政策，真心真意为群众办好事、办实事，很难和家人好好吃上一顿饭，聊上一会儿天，以实际行动践行和演绎着“四拼”精神。

红旗高扬，南部脱贫摘帽的战场上始终涌动着生生不息的红色力量；民心所向，南部脱贫奔小康的道路上始终蕴含着蓬勃澎湃的坚强力量。实现同步全面小康的梦想仍在路上，让人民群众过上更加美好的生活，33 名县级干部组成的“战狼团队”还在续写更多精彩。

第二节　春风化雨润乡情

2017 年 9 月，四川南部，桂香袭人，如清水漫进每一条街道、每一座房舍、每一寸土地。桂树是南部的根脉，清水是南部的灵魂。摘得“桂花城”和“钓鱼城”双冠的南部县，在又一个金秋来临时，再收获一枚硕果：顺利通过省级验收考核和国家组织的第三方评估，戴在头上多年的国家扶贫开发工作重点县帽子将被摘除。脱贫路上，走过春，走过夏，走过这一段段历程，其间，凝聚了多少一线干部们的心血？山河可鉴。

一、青山作证

群山无语，大河无言，山林一片静寂，唯有眼前 800 多座墓碑如疆场将士，守望大地、护卫江河、倾诉衷肠。日复一日、年复一年，住在山上的守墓人马全民也一同守望着他们，眼睛花了、腰背驼了、房舍破了……

青山埋忠骨。他们是谁？南部县这片红色土地上，究竟发生过什么？据南部县志记载：1933 年至 1935 年，红军主力挺进南部县，中国共产党在南部县境内建立起区、乡、村三级苏维埃政权 313 个。野火春风斗古城，12000 多名南部儿女群情振奋，追随中国共产党，纷纷参加红军，把川陕革命根据地扩展到嘉陵江两岸。成千上万名红军战士牺牲在这片土地上，当地群众与中国共产党生死相依。

永定镇庆“七一”建党节，重温入党宣誓活动

鱼水情深。马全民牢记父辈遗言，其一家至今仍在为红军烈士刘连长守墓。尽管荒郊野岭、山长水远，他们仍然不离不弃，守着冷清，也守着贫困，执着地在长坪山上度过一年又一年。

2017年9月的一天，正是硕果累累的季节，山还是那座山，墓还是那座墓，推开楼房的窗户，马全民做梦都没想到，自己会实现祖祖辈辈的梦想：住上好房子，过上好日子，奔向小康路！刘连长墓前山林青青，湖波荡漾。大女儿马炼已大学毕业回到父母身边，接棒成为第四代守墓人。

他脑海里不停地闪现出一个个镜头，像电影画面般聚焦到长坪山：一代英烈赤胆忠心，长眠在这片土地；一代共产党人前赴后继，情牵一方百姓。他记不清曾经握过手的干部们的面容，却温暖地感受到他们那颗火红的心和别样的情。自己的病治好了，孩子大学毕业了，房子修好了，可是从省里到村里的扶贫干部们脸晒黑了，又有一年多没休过节假日的乡党委书记杨垒、乡长蒲跃还好吗……

吃水不忘挖井人。嘉陵江水浩浩荡荡奔涌而去，传颂着英雄的故事和传奇，也传扬着一个令人振奋的消息：南部县已经摘掉贫困的帽子，全县人民奔向了全面小康新目标。如果苍天有灵，它会告诉刘连长和他千千万万牺牲的战友们这一切吗？英烈们睁开眼吧，再看看这片土地，当年你们为之抛头颅、洒热血的梦想已经实现：通过精准扶贫，昔日长坪山，今成花果山，山坡上绿树成林，山坡下果蔬连片。

为打赢脱贫攻坚这场硬仗，南部县委、县政府团结带领130余万南部儿女和下派的省、市等各条战线的扶贫干部们，投身脱贫攻坚，打响了一场没有硝烟的战斗，曾经的革命老区又重现“战斗”画面。“你的家就是我的家”，他们扎根乡村，把乡亲们当作亲人，送去技术、资金；“你的事儿就是我的事儿”，他们奔波在田间地头，帮老百姓修路架桥、播种抢收、栽桑养蚕、养鸡养鸭；“你的幸福就是我的幸福”，他们忙前忙后，把自来水、天然气接进了农家，把图书室、卫生室搬到了深山，把孩子们送进了学校……

历史作证。80多年前，南部人民选择跟随中国共产党干革命，选择加入人民军队，不惜流血牺牲，化作座座墓碑无怨无悔。

时间作证。80多年后，生活在这片土地上的党员干部们无私无畏，带领广大群众决战脱贫攻坚新“战场”，兑现着对人民许下的诺言。

青山作证。这是发生在南部县的一个个真实故事，是中国共产党和中国人民的故事，这样的故事还有很多很多……

二、人生无悔

紫薇花正开，齐整的行道树分列路旁，青山苍苍、流水淙淙。这是通往

群众代表与村扶贫干部商议村务

定水镇郑家沟村的乡村水泥公路，也是村党支部书记魏东岳梦回故乡的路。

这条公路，原来是一条逼仄的土路，下雨天，飞溅的烂泥常常让魏东岳望路兴叹，渴盼走出这个山村，走出眼前的大山，这个梦想贯穿了他整个求学生涯。生于斯、长于斯的他，喝着家乡的水长大，高中毕业考上西南民族大学后，沿着足下这条泥泞的土路，他真的走出了大山，走进了城市，走进了高楼大厦。那时，他做梦都没想到自己后半生会再回故里，魂牵乡情。

郑家沟村从此以走出的第一个大学生魏东岳为傲。魏东岳不但在城里娶妻生子，还成立了公司，当了大老板。谁都不知道生命中有些小事可以改变命运轨迹的方向。2002 年底，父亲身患重疾，魏东岳不得不放弃成都公司的经营，回到郑家沟村照料父亲。父亲去世后，那天正打算回到城市的魏东岳，看见一名小男孩背着书包，全身湿透，艰难地行走在泥泞的土路上。原来小男孩的雨伞坏了，雨水打在小男孩身上，魏东岳的心也被打湿了。

“人总得有些梦想，我的梦想就是帮助几个人像我那样走出大山，不需要做好多轰轰烈烈的大事，把一些小事做好就够了，为什么不把养育我的家乡建设好呢？”魏东岳如是说。

他说服了妻子，举家迁回南部县。2013 年，魏东岳全票当选郑家沟村村支部书记。从此抛弃灯红酒绿，抛弃商场名利，魏东岳一头扎进了郑家沟村的道路改造建设中。2014 年，郑家沟村紧紧围绕村退出、户脱贫目标，大力改善基础设施，发展长效支柱产业。目前，组组通了水泥路，户户有了自来水，所有村组道路安装了路灯。同时，通过合作社引领，充分利用全村撂荒地，建成 500 亩蜜柚、120 亩淡水养殖产业园，做到了户户入园，家家有稳定收入。村上的发展也带动了民风，凝聚了人心，吸引了大量打工者返乡创业。

“想当初，群众推荐我做支部书记时，家人不理解，朋友不理解。他们总问我，你现在生活条件很不错了，有自己的事情做，为啥要去当村官？我告诉他们，我是村里走出去的第一个大学生，父亲在本村教书育人几十年，一生都奉献给了郑家沟村，深受群众爱戴。现在他走了，但他的奉献精神深深地影响着我，我回去当村官绝不是图名，更不会图利，只想好好给乡亲办几件实事、好事。回想当村干部的这几年，虽然自己付出了些，牺牲了些，但看到全村有了目前的变化，听到父老乡亲们的赞扬，心里还是觉得暖暖的，很值。”魏东岳深情地在日记本上写了这样一段话。2017 年初，一家企业以年薪 30 万元的高价聘请他去当管理干部，并配房配车，魏东岳一口回绝。

无独有偶，碾盘乡小学教师王蓉近日也作出了一个大胆的决定。她坚决拒绝工作调动，留在了原来的岗位上。王蓉本是重庆人，丈夫在重庆工作，夫妻俩一直分居，家里父母姊妹都希望她早点回到身边团聚。因为碾盘乡谷黄庙村是南部县教育局帮扶的贫困村，每天耳闻目睹身边人和事，王蓉感觉自己再也离不开这块土地。“很感动，我都把调令签好字送到她手上，她还是选择坚持留在这里。”县教育局局长刘坚说。

为了“文化活动村村搞，阵地村村建，广播社社响，电视户户通，书报人人读”这几大目标，南部县文化局干部职工分成几个小组，每天奔波在山乡的道路上。背着沉重的器材，一个名叫王琴的干部肩膀上竟然磨出了血痕。

这样的人、这样的事，还有很多。他们奋斗在一线，不计较个人得失，我们甚至叫不出他们的名字，说不出他们是哪个单位的。但是人生能有几回拼搏？“我们愿意。”这是他们共同的回答。

南部县旅游局局长雍晓东致敬脱贫攻坚帮扶干部，倾情而作歌词《为了您，我愿意》：“雨天浑身泥，晴天灰扑面；为了您幸福，再苦也心甘。我愿意，我愿意，我愿意为您，不要节假日，不要星期天；同干一件事，同吃一锅饭。不逛好风景，不进电影院；同心向未来，携手建家园。”

生命中，总有些相遇和相守值得珍惜；生命中，总有些付出和贡献值得回忆；生命中，总有些真情和真心值得铭记；生命中，总有一段路，需要你、我、他共同走过，相扶相携。这是一曲全县人民谱写的爱之旋律，将永远被传扬，永远飘扬在被称为“桂花城”“钓鱼城”的南部县上空！

第三节　干群一齐奔小康

满脸的皱褶，那是沧桑岁月留下的烙印；黝黑的脸颊，足以看出他与太阳的交情；粗糙的双手，圈着一辈子丢不下的田地；渴望的眼神，希冀一方水土养活一方人。嘉陵江畔，勤劳的他们用双手换来田野五谷黄、后代温饱享。可是还有一个群体，在时代发展的洪流中被推到财富的边缘，他们有的膝下无子，孱弱无依；有的重病缠身，家徒四壁；有的灾难侵袭，陷入穷困；有的文化落后，就业无门……他们有一个共同的期盼——摆脱贫困。

如今，脱贫攻坚与乡村振兴有效衔接的时代卷轴已经展开，脱贫政策如春风般吹进了贫穷的村庄，吹进每一个贫困家庭，沁入每一寸黄土地。坚毅又顽强的南部县农民，他们站在脱贫浪潮的前端，适应新发展，欢迎新政策，走在全面小康的康庄大道上……

升钟湖边的村民新居

一、居住环境换新颜

“曾经破烂黄土墙，如今青砖小洋房。曾经泥泞路漫长，如今村道便捷畅。”生动的小诗口口相传，贫困户脸上幸福盈盈，美满的生活喜气洋洋。

龙庙乡尖山子村，绿树环绕，村道水泥路直通村民家门口。

“以前下雨出门很不方便，到处都是泥，现在通过县上的支持和帮扶，入户的便道硬化了，骑摩托出行，人、车都不沾泥。”说起“五改三建”工程，村民王玉树的喜悦之情溢于言表。

王玉树一家过去一直居住在老旧的土砖房中，厨房低矮破旧，厕所紧邻着圈舍，昏暗潮湿，过道上还堆满了杂物，环境可谓“脏乱差”。后来，村里实施“五改三建”，他家周围的居住环境有了大改善。“不仅自来水、水

村村通招呼站，极大方便村民出行

冲式厕所等一应俱全，而且家门口还通了水泥路。”王玉树如是说。该村组织村民改造了庭院、厕所、厨房、入户道路等，在房前屋后栽植了核桃树、橙子树等，对生活垃圾进行统一处理，让村民的居住环境和村容村貌得到全面提升。

齐搬迁，改危房，进驻梦中楼阁。初秋的暖阳高照，在大堰乡封坎庙村新修好的柏油公路旁，在青山绿黛间，零星点缀着青瓦白墙的民居，显得格外耀眼。而每一幢小洋楼屋前，几处栅栏，几丛青葱，鸡在啄食，鸟在吟唱。

“真没想到我们家还能住上这么漂亮的房子！”贫困户黄宗炳一双眼睛炯炯有神。环顾黄宗炳的家，只见三室两厅的房子里，液晶电视、电冰箱、洗衣机等家用电器一应俱全，自来水、天然气也直通家中。客厅的实木茶几上还有花生、瓜子、橘子等招待客人的零食和水果，厨房和卧室里都摆放着崭新的家具。

“这幢房子和附近几家邻居的房子一样，都是由村里统一规划，利用易地搬迁补助资金修建的。”黄宗炳热情地介绍，他家的房子 2015 年 6 月下旬启动建设，仅仅花了两个月便竣工入住。

对于黄宗炳一家人来说，能够住上这样安全、漂亮的房子，在以前是一个可望而不可及的梦，而山上他们家原来那间摇摇欲坠的土坯房早已成为历史。

黄宗炳的妻子高兴地说，为了美化环境和增加家中收入，她还在房前屋后种植了柑橘树，散养了些兔子和小鸡仔。

年过八旬的罗焕香老人一家三口，大儿子身有残疾还得了癌症，二儿子常年在外打工，收入不高。一家人一直蜗居在 20 世纪 70 年代建成的土墙瓦房中。为解决老人的“住房难”问题，2016 年初，该村“两委”帮罗焕香递上危房改造申请，经村“两委”提议、村民代表审议和全体村民大会决议，以及张榜公示和乡镇现场审核，报县里审批后，罗焕香家被纳入危房改造名单。

“多亏党的好政策，没花一分钱，没操一点心，就从以前的土坯房搬进了现在的砖瓦房，真没想到这把年纪能住新房子！”由于老人没有建房能力，金龟庵村驻村工作组担起了为老人修房子的重任，搬运砂石、比选施工队、督促施工进度和监管工程质量等。经过三个多月的忙碌，老人就搬进了新居，住上了暖心房。

初秋时节的八尔湖，一汪碧水送来阵阵清凉。放眼望去，葱翠环绕、青山似黛，青砖白墙小洋房点缀山野。一条条通往各个小洋房的乡村道路像丝带缠绕，飘逸洒脱。

村民廖施艺站在自家农家乐门前，喜笑颜开地迎送着来来往往的客

农家乐经营者与游客作别

人。大堰乡任江寺村的廖施艺家，位于八尔湖风景区的核心景区。在打通景区道路及环湖路后，吸引了不少游客前来休闲观光，农家乐数量不断增加，生意也越来越好。原本只能靠种地谋生的廖施艺一家，可能一辈子都只能过着面朝黄土背朝天的生活，哪里想过自己也能开张做生意。廖施艺待客人走之后，坐在自家院坝的躺椅上，嗑着瓜子喝着茶，憧憬着未来的美好日子。

“村道路加宽了，社道路连通了，过去拉化肥、送农资基本靠人力，现在车子直接送到家里，真的太好了。”在永定镇百田村，村民们谈起交通扶贫给村子带来的变化，连连称赞。

二、生活质量大提高

“曾经重病欠外账，如今医疗政府扛。曾经家家饮水荒，如今直通到厨房。曾经孩子学难上，如今培训就业广。”欢乐的小曲家家传唱，愉快的生活日日兴旺。

重病不慌，政府来扛。一些单纯朴实的南部县农民，只知勤劳能换来温饱，却忽略了健康的重要。辛勤劳累一辈子，最后却落下累累病痛，还未等到儿女成群、膝下承欢，却让原本平稳的生活陷入深渊。“这么好的医疗政策，减轻了我家沉重的经济负担。”周炳善是个老实巴交的农民，2016 年因患脑瘤卧床不起，家人既要照顾他的日常起居，又要面对高昂的手术费用，不知道忧愁过多少个夜晚。

“最初都有放弃治疗的打算，最后还是健康扶贫帮了我，救了我的命啊。”刚做过脑瘤手术的长坪镇印山村村民周炳善在自家小院里散步，看到村里扶贫第一书记王波提着水果走进院子，颤颤巍巍地走过去满怀感激地紧紧握住他的手。

在碑院镇林坝村卫生室里，88 岁的村民胡宗勇正在进行身体检查。放眼这间新建的村级卫生室，面积有 50 多平方米，配置了听诊器、诊查床、血压计、输液架等医疗设备，药品全部由县乡统一配备，种类达到 100 余种。

有了干净舒适的环境，齐全先进的设备，让“小病不出村，看病能就近”成了现实。曾经林坝村的村民过去最怕得病，哪怕是感冒发烧，都要走好几里泥泞的山路，到镇上卫生院拿药，费时费力不说，也很容易耽误病情。崎岖的山路阻断了村民们的求医之路，而县里的“三大工程”却为村民搭建起健康的桥梁。村村搭建新的卫生室，医疗设备专业又高效；村村引进专业医护人员，医疗服务专业又热情；村村实施饮水安全工程，阻断细菌疾病的隐形传播。

检查完身体的胡宗勇，拄着拐杖慢悠悠地走在平坦的回家路上，而此时在家里庭院给鸡撒食的老伴，正望着他，布满皱纹的脸上露出温暖的笑容。

“前两天医生来过，今天又来了，太麻烦他们了。检查细致，服务到位。”在永定镇同心村贫困户郑光富家，镇卫生院的 3 名医护人员正在为郑光富体检，听诊、量血压、问病情……逐项记录郑光富最近的身体状况。

郑光富患有哮喘、前列腺肥大等疾病，以前都是自己到卫生院检查、拿药。现在却是医生走进家门，询问了解病情，检查一项不落，还要叮嘱用药常识。

而这一切美好图景的实现，源于南部县严格实行的动态筛查管理机制、定期巡查服务机制和长效便民惠民机制。通过全面覆盖精准到人，郑光富首先成为这种改变的见证者、受益者。

“现在的医疗政策多好啊，像我们这样的贫困户，去县医院可以走‘绿色通道’，挂号输液都不要钱，我和老伴再也不用担心生病没钱医啦。”郑光富拉着村支书的手，给他讲述他眼中的改变。他说现在每过几天就有医护人员下来给他们做常规检查，细心为他们讲解老年人的保养知识，对他们嘘寒问暖，体贴关心他们的身体健康，这是他活了一辈子做梦都想不到的温馨画面。

生命源头，水利基础夯。五灵乡丁字桥村，海拔700多米，曾经是典型的旱山村。村民吃水要到山脚下的小河沟去背，有时学校也因没水吃而停课。而如今的丁字桥村，绿树丛中，一栋栋修缮一新的民居掩映其间；田间地头，农作物长势良好；房前屋后，果树成排成行。“吃水不愁了，大家都专心搞产业。”该村贫困群众李大何看着眼前的光景，感慨地说。从前村里缺水，遇到天旱，村民常常因争水打架，至于农业生产，更是有心无力。

“如今不一样了，自来水通到家家户户，卫生又方便。”热心村民介绍道。为了大家吃到放心水，村里召开村民大会，决定实施供水工程，历经5个月就使自来水安装到户。“自来水到村到户，产业发展的后劲也足了。”李大何在自家的一亩多地里栽种了柑橘树，同时也发展林下种植。

洞头区教师钟欣在永红小学参加评课活动

在盘龙镇中窑坝村，村民正在对渠系进行清淤，并浇筑水渠坡面。“这段主渠为全村一半村民提供生产用水，多年来，由于疏于管理、塌方严重，供水能力严重退化。”该村贫困群众郭太富说，“水渠清淤、加固后，种田种地就不怕缺水了。”

在长坪镇侯坪村，68 岁的贫困群众张秀琼对如今村里的用水、饮水条件赞不绝口。2016 年，张秀琼只花了 1800 元安装费，就将自来水接进了厨房，生活质量得到了极大的提高。

寒门学子，读书培训忙。当走进南部县永定镇永定中学时，一群学生正在老师的带领下跳竹竿舞。竹竿在两个男同学手中灵活地摆动，几个女同学像身体轻盈的小燕子，来回穿梭于竹竿之间，而其中一只“小燕子”，大大的眼睛晶莹闪烁，黑黑的小脸上露出质朴的笑容，让人如沐春风，这正是贫困生何晓英。

何晓英一度有过放弃读书的打算。如今，她再也不用为上学的事发愁了，“三免一补”，教育救助金等措施为贫困家庭学生提供了坚实可靠的支撑，插上梦想的翅膀。

“学校知道我是贫困人家的孩子，不仅给我免去一切学杂费，还有领导和老师关心我的学习和生活，让我再也没有负担了，我一定会好好学习，不辜负他们的期望。”何晓英透过教室窗户，望着蓝天，憧憬自己美好的未来。

家住碾垭乡付家庙村的杨舒慧是村里众多的留守学生之一。父母远在外地打工，只有春节才能回家，她从小借住在建兴镇的亲戚家里，对于目前自己的学习和生活状况，这个 12 岁的女孩流露出同龄人未有的沉稳和冷静。在学校的关心和老师的关爱下，她感受到了家人般的温暖，不再为自己是留守孩子而自卑。

“我再也不会因为自己是贫困留守学生而在同学们面前抬不起头了，谢谢那么多人关心我、支持我，我会努力完成学业，将来报答社会。”面对潮水般涌来的关心和资助，杨舒慧正用她的实际行动回报他人。“我希望通过自己的努力告诉大家，知识可以改变命运。”

南部三中职业技术学校高一贫困生袁翀自信地说，如果有机会，他打算继续深造。但在此之前，袁翀还一筹莫展：“想读书没有钱，想打工又缺技术。”县里出台的一系列教育帮扶政策，帮助他解决了上学的后顾之忧，还为他今后的发展提供了方向。

“儿子春节后就出去上班了，在之前参加了装潢装修技能培训，现在一个月的收入有三四千元。”东坝镇杨家坝村贫困群众宋天强拿着儿子刚寄回家的钱，心情有些激动。“我们老两口身体不好，孙子在上学，就盼着儿子能挣点钱，让家里日子好过点儿。”宋天强说。由于缺技术，儿子以前只能出苦力，既辛苦，收入也不高，日子过得紧巴巴的。现在县里有了针对贫困户的转移就业培训，让年轻人有了学习技术的机会，他们能靠自己的双手勤劳致富了。

三、脱贫精神齐弘扬

“自力更生大提倡，艰苦奋斗大发扬。众人拾柴火焰旺，驱散贫困有力量。一方有难八方帮，传统美德齐弘扬。不忘初心旗帜扬，昼夜兼程追梦想。”自信的歌谣在南部县上空飘荡，携手脱贫的精神在大家身边滋长。有一种精神，叫不惧贫穷，踏实肯干。“艰难困苦，玉汝于成。”从价值角度讲，它是一种动力，鼓舞人们百折不挠，去争取，去创造。而这宝贵的精神，在南部脱贫攻坚的征程上展现得淋漓尽致。碑院镇林坝村村民胡宗鹏到田里查看紫米水稻回来后，把一大筐青草倒进猪圈。

看着几头猪一哄而上吃得欢，胡宗鹏开心地笑了。胡宗鹏说，他赶上了好时候。在党的扶贫政策帮助下，2016 年，他家就摘掉了贫困户帽子。胡宗鹏家曾是该村有名的贫困户，他和老伴年老多病，儿子有残疾，只能从事简单劳动，日子过得十分清苦。

“要想摆脱经济上的贫困，首先要摆脱精神上的贫困。”胡宗鹏说，脱贫攻坚工作开展以来，帮扶单位和镇村干部通过走村串户和召开群众大会等方式，开展以脱贫光荣为内容的自尊教育，让他明白了“天上不会掉馅饼”的道理，并下定决心要摘掉“穷帽子”。

“现在，我家养了 4 头猪、200 多只鸡，种了 2 亩田的紫米，一年下来收入有近 3 万元。”看着满地乱跑的鸡仔，胡宗鹏乐得合不拢嘴。据他介绍，他家还栽植了近 120 棵脆香甜柚树，即将挂果。胡宗鹏掰着手指头计算着家里的收入，喜悦之情溢于言表。

“中午准备吃红烧肉。以前家里穷，一年四季碗里很难见荤腥，看到人

最美南部人颁奖典礼上红军革命题材的表演

家吃肉，孩子们都眼馋得很，我们心里很不是滋味。现在，想吃啥就买啥。”说着，胡宗鹏笑了。

贫困对于勤奋者只是一时之难，对于懒惰者才是一生之痛。现年 34 岁的魏刚是南部县谢河镇武圣宫村建档立卡贫困户。父亲患癌去世，母亲常年重病缠身，家里仅靠他一人支撑。为了帮助两个弟弟完成学业，他决定用自己的双手改变命运。他年幼出去打工学厨，回来后自己搞特色养殖，利用种养循环提高经济效益。魏刚勤劳致富的同时，没有忘记曾帮助过他的村民。农闲时节，有不少村民会选择到魏刚的养牛场务工，每天能挣到 60 元的工资。

在家里最贫困的时候，魏刚没有怨天尤人、自暴自弃，而是自己主动寻找致富门路，不甘贫困、艰苦奋斗。当问起魏刚累不累时，他笑着说：“累了有收获就是件好事，在党的政策扶持下，应该努力脱贫致富，不能辜负党和政府对我们的帮扶。”现在，魏刚最大的心愿是能带动更多的贫困户拔掉“穷根”，增收致富。

搞小养殖的贫困户在饲养跑山鸡

这样的故事太多太多，还有利用领导的1000元慰问金发展小养殖，主动牵头成立山鸡合作社，带动整村发展“四小工程”，自主跑去甘肃尝试花椒生意并发现商机的退伍军人兼贫困户张定科；为给重病妻子治病，申请贷款办养殖，利用双手创造财富的王家镇顶子山村村民张丕安……每一个故事如一颗颗珍珠，镶嵌在南部县的乡村田野。

有一种精神，叫自强不息，勤劳勇敢。“天行健，君子以自强不息。”几千年来，一代又一代中华儿女在祖国大地上辛勤劳作，形成了不畏艰难的优秀品格，培育了博大精深的民族精神。

行走在老鸦镇松林村南部、阆中交界的深山沟里，一条村道沿着地势起起伏伏，到达村民赵清武家。这位高位截瘫但身残志坚的朴实村民，即使病情持续恶化、妻子意外离世，没有经济来源，也没有放弃生的希望。“贫困户是可以享受政府的帮扶政策，但这辈子难道就靠政府的帮扶过日子？”这是他经常挂在嘴边的一句话，他不愿做个“等靠要”的贫困户。开面坊、扩市场、展销路、建商标，他都亲力亲为。同时，他还在爱心人士帮助下，开起了网店，每天销售手工面条150余公斤。“我虽不能行走，但双手有的是力气。苦点累点无所谓，相信凭着自己的努力，一定能摘掉贫穷的帽子。”赵清武说。在致富路上摸索出“门道”后，他计划再扩大规模，解决更多残疾人和贫困户的就业，团结更多贫困群众脱贫致富。

身处逆境却不怨天尤人，困难重重仍积极向上。在南部县寒坡乡彭家垭村，建档立卡贫困户谢瑞莲一家人不等不靠，自强不息，用自己的双手摆脱贫困的故事成为美谈。在丈夫意外去世之后，家中没有了“顶梁柱”的谢瑞莲坚持搞养殖、打零工，借助政府的扶贫政策供养儿子上大学，体现了母子俩的信心和决心。单亲家庭的孩子也成熟懂事，为了减轻母亲的负担，谢瑞莲的儿子做兼职、干农活，想着用自己的双手送母亲一份慰藉，用自己稚嫩的肩膀扛起生活的重担，他们的故事也感染了很多人。

苦难是最好的老师，它可以让弱苗长成参天大树，可以让垂髫孩童成长成人，也可以让一个积贫积弱的民族熠熠生辉。南部县儿女梦想依旧丰盈，黄土坡奋袖出臂，嘉陵江边挥汗如雨，谱写了一曲曲自强不息、勤劳勇敢的动人之歌！

有一种精神，叫转变思路，巧借外力。借助科技兴农的东风，沐浴金融扶贫的春雨，使产业发展遍山岗。

缺少资本怎么办？村民找到了小额信贷。“真没想到，昨天才提交贷款申请，今天钱就拿到手了，这可解了我的燃眉之急。”看到一笔 5 万元的款项打到自己的银行卡上，南部县丘垭乡勇敢村村民何德市十分激动。他在农村信用社的自动取款机上反复查询了几次，确认贷款到账后，立即提取了一万元现金，用于支付前不久修房子欠下的工钱和购买猪饲料的欠账。大堰乡纯阳山村失去劳动能力的贫困户张中路，把申请的 5 万元无息贷款入股到该村食用菌“脱贫奔康产业园”。“年底，村里的食用菌‘脱贫奔康产业园’按股分红，我收入了 7000 元。”谈到自己利用小额信贷入股“脱贫奔康产业园”获得收益的经历，张中路至今仍然觉得“幸福来得太突然”。

不论是“四小工程”还是特色产业发展，那成片的果桑产业园、柑橘产业园、青皮脆李产业园、牲畜养殖园，是踏实的农民埋下的财富种子，是稳定脱贫的根本。

楠木镇金石村贫困群众何永茂正在给柑橘树疏果修枝。尽管累得满头大汗，但他脸上尽是开心的笑容。靠着这些柑橘树，他今年的收入又要增加 3000 余元。“从最初的小养殖，到现在的小庭院，搞的种类多了，收入也不断增加。”谈及自家发展的增收产业，何永茂津津乐道。

在大堰乡纯阳山村半山腰的脱贫奔康（食用菌）农民产业园里，一个个食用菌种植大棚格外惹人注目。大棚内，贫困群众汪学超正在采摘

技术工人正在教授产业园工人果树养护技术

食用菌合作社社员在采摘双孢菇

双孢菇。

“有了产业园，不但能稳定脱贫，还能长期增收。”对于现在的生活，汪学超十分满意。“在乡党委、政府的帮助下，我家终于摆脱了贫困，日子也越来越好。”聪明的村民汪学超不仅自己当股东搞产业发展区，还鼓励和带动村里其他贫困户加入，扩大规模搞生产，小生意做得如火如荼。

在铁佛塘镇国公村“脱贫奔康（柑橘）产业园”内，一块块平整的土地上，一株株枝繁叶茂的“不知火”柑橘树上已冒出许多花朵。“最早种植的半亩‘不知火’长势非常好，初挂果后第二年就能见到经济效益了，每亩至少可以收入 1500 元。以后进入盛产期，收入会更多。”贫困户鲜志国在自家的“不知火”柑橘园里一边清除杂草，一边说。65 岁的鲜志国是该村建档立卡贫困户。两年前，在业主大户的带领下，他在自家的自留地里种植了 0.5 亩“不知火”柑橘树，2017 年初又种了 2 亩。

“‘不知火’的经济效益虽然很好，但见效比较缓慢。”鲜志国说，为了能够最大限度发挥果园的经济效益，尽快摆脱贫困，他在果树下的空地里套种蔬菜、养鸡。“等到‘不知火’进入盛产期，我家的日子会更好过。”谈到近年来自家发生的变化时，鲜志国喜上眉梢。不墨守成规、不因循守旧、不断开拓门路，是踏实勤劳的农民新的代言词，他们这种不断纳新、巧借外力的精神为脱贫摘帽注入新动力。

有一种精神，叫知恩图报，感恩回馈。绿叶在林中吟唱，谱写一曲曲感恩乐章，那是大树对滋养它的大地的感恩；白云在南部县的天空飘荡，绘画着一幅幅感人的画像，那是白云对哺育它的蓝天的感恩。而在永定镇窑湾村，有一卷知恩感恩、干群和谐一家亲的美好画卷。窑湾村二社的马秀芬以前的日子可谓痛苦难耐，丈夫患有直肠癌，为了偿还治病欠下的十几万元巨债，她和儿子四处打零工，可是对于昂贵的医药费还是杯水车薪。在扶贫政策下来之后，村支部书记第一个跑到她家里，为她解了燃眉之急，并介绍她儿子去拉萨学开车跑运输，两年之后争气的儿子偿还了家中所有债务。马秀芬为了回报政府，两年里，她主动承担村里几里公路的打扫和广场清扫工作，为的是用自己的绵薄之力感恩回馈政府和社会。

“吃水不忘挖井人。”在窑湾村村委会青色墙壁之上，依旧留着杨绍真老人写过的粉笔字，像这样的感恩标语还有很多。

“我们村上能有今天的发展，全靠政府的政策支持，我们一定不能忘了他们的恩情啊……”这位耄耋老人在精准帮扶政策下，住上了好房子，过上了好日子，老人一直想用自己的实际行动表达对政府的感谢。

开会时，他主动做起村里的义务政策宣讲员，为村民解释脱贫政策，许多贫困村民在老人的热情带动下，全力配合脱贫攻坚工作，珍惜脱贫机会，成效颇丰。

老鸦镇松林村贫困户杜春明在政策支持下搞养殖脱贫致富后，心情激动地给第一书记打电话，哭着请求申请入党，在他们眼中，党员的神圣义务就是：做好手边事，帮助更多人。

第四节　扶贫路上步铿锵

走过无数个春夏和秋冬，南部县人民终于摆脱贫穷的桎梏。这一天，将成为南部历史珍贵的记忆；这一刻，时间仿佛已凝固成永恒。此时此刻，南部人民期盼已久的幸福时光终于来临，这又仿佛是一个盛大的节日，足以让喝着嘉陵江水长大的人们着新装，饮美酒，尽情歌唱和舞蹈，以表达心中的喜悦和激动之情。从江北到江南，从城市到乡村，无论在何方，都传递着一个声音：共产党好！

一、“将士们”的心愿

这是一场没有硝烟的战斗。南充市副市长、南部县委书记张根生身先士卒，清晨踏着第一滴透明的朝露，夜晚披着最后一抹晚霞，栉风沐雨，寒来

扶贫干部下基层进村入户调研脱贫攻坚进展

暑往。没有人知道他究竟熬过多少个夜晚，走过多少条坎坷的泥泞路，翻过多少座远山。

“我清楚地记得，我第一次游过升钟水库，是以这样一种特殊的方式来庆祝女儿人生的第一件大事：高考取得胜利！打赢南部脱贫摘帽的攻坚战后，我还会以这样的方式来庆祝自己多年的付出！”南部县扶贫移民局局长谭必武百感交集地说。

今年春节，碑院镇林坝村第一书记张浩突然接到一个来自成都的电话，这让他欣喜不已。原来是碑院镇林坝村四社的胡宗体老人打来的，已经75岁高龄的他，虽然常年和儿子居住在大城市，但是一直关注着家乡的变化和发展。

这几年干部艰辛的付出，以及家乡由此发生的变化，深深打动了老人，老人春节第一个电话便打给了张浩，感慨家乡的巨变。

南部县脱贫攻坚工作推进会

二、天山下的舞蹈

美丽的新疆，遥远的南部。也许是嘉陵江水的惊涛拍岸声，传递到了天山下的这片土地。第一时间得知家乡脱贫喜讯的南部人，他们的心瞬间被激情点燃。怀着满腔的热情，乌鲁木齐市南部县商会党支部书记鲜碧珍立即召开会议，召集这里的家乡人，表达自己的喜悦和情感。“家乡终于脱贫了，摘掉了多年的穷帽子，很高兴很高兴。多亏了党的好政策，让老百姓们过上好日子。”她抑制不住自己的兴奋心情，声音有些颤抖。祖籍南部县大富乡鲜家店村的鲜碧珍，1995 年夏天离开生活多年的村子，外出到新疆打工，凭着自己的吃苦耐劳很快站稳脚跟，有了自己的公司，后来又带了一大批南部人陆续到新疆发展。自己富裕了，她也时刻关注着家乡的面貌，注视着曾经生活多年的那片土地。

那天下午，她迅速召集了生活在乌鲁木齐的南部人，他们很快从各个地方赶来，有的从工地上，有的从家里，有的从路途中……30 多个人齐聚一堂，座谈会召开了，会上，你一言我一语，各自表达着心中最真切的感受。

晚上，在一个叫万福楼的地方，大家载歌载舞，有的喜极而泣，有的抱头痛哭。这是欢乐的泪水！

三、桂花城的婚礼

九月的南部县，桂花香满城。硕果累累的收获季节，一对新人手牵手走上了婚姻的红地毯。

新郎伍毅是南部县平桥乡东观庙村的第一书记，新娘郑菲月是南部县电视台记者，两人在扶贫工作中喜结良缘。在婚礼进行曲中，新娘把手伸向了新郎:“感谢你成为我生命中的挚爱,成为我的唯一,分享我所有的梦想、渴望、蓝图、冒险,以及更多的一切,感谢你成为我今后生命中的伴侣,只要跟你一起活着,我就觉得自己是世界上最快乐的人,永远!永远!今天,我将自己交给你!”

鲜花盛开。美酒飘香。时光永恒。2016 年 5 月,伍毅从中国民航飞行学院下派到南部县平桥乡东观庙村担任第一书记。刚从北京民航局回来,就直接到村里担任第一书记,从国家机关到最基层村级组织,从说普通话到学南部乡音,从大学讲台到田间地头,从大学老师到一个普通村民,从一个普通党员到一个最基层党支部的第一书记,没想到他很快转换角色,立即投入到工作中。

“没想到下乡扶贫成了我人生最美的篇章。因为我到了南部县,才遇到了她;是我干了扶贫这项工作,充满积极正面的能量,让她欣赏并对我产生了好感;是因为扶贫中我们都成长了,有了共同的价值取向,所以才相知相爱并决心相守一生。”伍毅激动地说。

原来伍毅到乡下工作不久,就摘掉了第二季度的黄牌,同时获得第三季度的流动红旗。南部县委、县政府决定对扶贫工作做得好的村进行宣传,南部县电视台派出了记者郑菲月去采访第一书记,两人就这么相识了。

“没有扶贫就没有我和我媳妇儿的家庭,感谢扶贫让我们感知人间正能量,感谢扶贫让我们成长欣赏彼此,感谢扶贫让我们相知成就家庭。”

“在物欲横流、人心浮躁的社会现实中,没想到我朴素的外在形象,却打动了一颗美丽的少女心;我没想到,在自己沉下心去感知生活,在没有外在的光环时候,却收获了最美丽的缘分,最浪漫的邂逅,这就是我和媳妇儿因扶贫结缘的故事。”伍毅说。

四、升钟湖畔的篝火

这里是南部县的升钟湖，因拥有 13 亿立方米的库容量，被称为“中国的水立方”；加之每年秋天举行的世界钓鱼大赛，又被称为中国的钓鱼城。它傍依阆中、广元、苍溪，犹如一颗明珠，在远山静静散发光彩。

嘉陵江最大支流西河源自升钟湖，一带西水碧波去，蜿蜒八百里。它滋养了生活在这片土地的人们，也衍生了丰厚的人文情怀和精神。

环湖而视，临江坪村（被誉为中国西部最美渔村）中，依依杨柳，曼妙嫣然；凤凰岛边烟波浩渺，鸥鹭翻飞，帆船点点，山水相接，共长天一色；湖岸别墅群里柳枝依依，三角梅正艳……

湖边热闹起来。“升钟湖，鱼之天堂，水之故乡！”一顶帐篷，一根钓竿，一个干粮袋，一个痴迷的钓鱼者，一帧浓淡相宜的水墨画。淡淡的山影，朦胧的村庄，镜泊的湖面；那悠游的鱼儿，嘹亮的歌声，空灵的飞瀑泉音……远处有人家，近处是野渡。为钓鱼，也放飞心情。

当脱贫摘帽消息传来的那一瞬间，南充市作家协会副主席、南部县文化馆馆长、著名诗人邓太忠激情涌动，家乡的一草一木，山山水水早已化作甘泉，滋润心灵，而那些讴歌赞美家乡的诗歌也像碧玉一样，时时温润着他，诚如组诗《在路上的村庄》中写到的：一道山，又一道梁 / 挽留你割舍不下的这份乡情 / 开启的那些窗那些门 / 讲不完你的故事 / 伸远的康庄道，绿油油的青藤 / 都叫得出你的小名 / 最后一公里……这一公里不远，也不短 / 手挽手，肩并肩 / 穿过生死攸关的一道坎 / 走过村民热乎乎的期盼 / 乡村在我们眼前 / 童话一样陶醉……

此时此刻，怎能不歌唱？钓鱼的人收起了鱼竿，赏景的游客们停住了脚步，村民们闻讯欣然而来，美丽的升钟湖畔，由南部县文化馆组织的民间

南部县八尔湖景区夜景

晚会即将开始。南部县国民艺术团的演员们踩着鼓点终于出场啦，一个个精彩的变脸，吐火“把戏”，既扣人心弦又吸引人们的眼球；南部县合唱团的演员们一扯嗓子，有趣的南部山歌刹那间烘托了现场气氛，掀起了晚会高潮；趁着兴致，腰鼓队的大爷大妈们扭动身子，尽情舞蹈；南部县书协的艺术家们激情挥毫泼墨，感染了现场的每一个人……

此时此刻，怎能不欢乐？升钟湖假日酒店的张浩东先生在广场点燃了篝火。篝火熊熊燃烧起来，每个人的脸庞越来越清晰，都红得发亮，像熊熊火把，点燃了湖水，点燃了心情，也点燃了今天的生活。歌唱起来了，酒喝起来了，舞跳起来了。花灯在旋转，皮影在跳跃……剪纸和根雕也鲜活起来，呼吸着鱼儿送来的风，似飞仙、如西子，沉醉在诗画音情的天地里。

南部县这清澈的湖水、浩渺的烟波、星罗棋布的岛、翠绿的青山和丰富的人文，谱写出新时代的篇章。

南部县脱贫攻坚大事记

2014 年

2014 年 7 月 14 日，南部县革命老区重点贫困村扶贫攻坚暨贫困户建档立卡动员大会召开，全面打响脱贫攻坚战。

2014 年 9 月 22 日，国务院扶贫办第八督查组督查南部县建档立卡工作。

2014 年 12 月 29 日，四川省扶贫开发协会会长、省人大原副主任李洪仁、四川省扶贫开发协会秘书长何传长带队赴南部县举行大型捐赠活动，省扶贫协会成员单位星星节能照明公司向南部县捐赠物资。

2015 年

2015 年 9 月，对接省委“3+10”政策组合拳，南部县委先后出台《关于集中力量扶贫攻坚加快全面小康步伐的决定》《关于印发〈南部县精准扶贫督查考核细则〉的通知》，实施产业、安居、能力、基础、民生“五大扶贫工程”，全面形成“2+5+5”南部方案，全面推进精准扶贫精准脱贫工作。

2015 年年底，经过八次筛查、四次比对，全面完成精准识别“回头看”，锁定全县贫困村 198 个，贫困人口 32734 户 103273 人，年底结存贫困人口 17241 户 53677 人。

2016 年

2016 年 4 月，制定《南部县摘帽方案》，坚定担当全省首批摘帽县历史责任，举全县之力、集全民之智，吹响坚决打赢脱贫摘帽攻坚战冲锋号。

2016 年 4 月，大堰乡封坎庙村“脱贫奔康（肉鸡）产业园”建成，9 月，大堰乡纯阳山村“脱贫奔康（食用菌）产业园”建成，引领全县“五方联盟”脱贫奔康产业园建立利益联结机制，做强脱贫奔小康的长效产业支撑。

2016 年 5 月 2 日，新华社高管信息·四川政要参考《探寻脱贫攻坚的“南部逻辑”——四川南部县脱贫攻坚见闻》刊发，国家、省、市主流媒体竞相报道“脱贫摘帽的南部做法”。

2016 年 6 月 12 日至 13 日，时任四川省委副书记刘国中赴南部县开展脱贫摘帽检查评估。

2016 年 8 月中旬，南充市委书记宋朝华蹲点督导南部县脱贫攻坚工作，自 2016 年 2 月宋朝华任南充市人民政府代市长以来，45 次到南部县调研脱贫攻坚工作和组织召开会议，专题研究、督导南部县脱贫攻坚工作。

2016 年 8 月 31 日，时任四川省委书记的王东明赴南部县督导脱贫攻坚工作。

2016 年 8 月，紧紧围绕群众增收、安全住房和安全饮水，全面开展“脱贫摘帽百日攻坚行动”。

2016 年 10 月，经过严格的村自查、乡复核、县验收、市初检、省核查程序，全县 8519 户 27569 人全面达到“一超六有”脱贫标准。

2016 年 11 月 22 日，四川省副省长王铭晖一行检查南部县脱贫攻坚工作推进情况。

2016 年 11 月 25 日，国家工业和信息化部部长苗圩深入南部县，就工信部定点扶贫工作调研考察。

2016 年 11 月，南部县正式递交退出国家级贫困县申请。

2016 年 12 月 3—10 日，四川省脱贫攻坚领导小组组织了对南部县的年度考核、退出验收核查和第三方评估。

2016 年，南部县被南充市委、市政府表彰为“脱贫攻坚先进单位”。

2017 年

2017 年 1 月 5 日，省脱贫攻坚领导小组第十二次会议审定南部县退出贫困县序列，2 月 15 日面向社会公示。

2017 年 1 月 9 日，南部县代表四川省接受国家对省脱贫攻坚成效年度考核，得到国扶办领导和中科院组织的第三方评估组专家一致肯定。

2017 年 2 月 14 日，四川省省委常委曲木史哈带队对南部县脱贫摘帽进行试评估。

2017 年 3 月 6 日，四川省省委常委曲木史哈再赴南部县主持召开全省贫困县摘帽现场推进会，号召全省深入学习借鉴“南部做法”，更加扎实地做好脱贫攻坚各项工作，确保高标准、高质量完成脱贫攻坚目标任务。

2017 年 7 月 19—26 日，国务院扶贫办委托中国科学院地理科学与资源研究所作为第三方机构，组织西南大学，正式对南部县退出国家贫困县进行实地评估检查。

2017 年 11 月 1 日，国务院扶贫办举行脱贫摘帽新闻发布会，介绍了包括南部县在内的 28 个国贫县脱贫摘帽情况。

扫描二维码
了解更多南部脱贫攻坚报道